차오프라야강이
보내 준 선물

✱**일러두기**
인명과 지명은 국립국어원의 '외래어 표기법'을 따르되 이미 굳어진 경우 관례에 따라 표기했습니다.
사진 출처 ⓒ셔터스톡, 위키미디어

차오프라야강이 보내 준 선물

글 이정주 · 그림 최정인

하루놀

차례

인도네시아

- 사람은 되고, 동물은 안 되고! … 6
- 허연 화산재가 가득한 마을 … 11
- 카사바를 캐는 아산 할아버지 … 14
- 고양이똥 커피가 뭐가 중요해! … 20

베트남

- 그리운 우리 엄마 … 34
- 엄마는 어디에 … 38
- 한겨울과 한여름 사이 … 40
- 산 넘고 물 건너서 외갓집으로! … 44
- 엄마와 함께 걷는 길 … 47
- 모자를 눌러쓰고 배낭을 멘 낯선 남자 … 50

태국

더운 여름은 이제 싫어! … 58
태권도랑 무아이타이랑 싸우면 누가 이겨? … 61
사이다 사 줘! 로띠도 먹고 싶어! … 64
사라진 신발 한 짝 … 69
차오프라야강이 보내 준 선물 … 72

필리핀

비바람이 훑고 간 우리 집 … 88
내게는 너무나 비싼 집수리 비용 … 92
바나나 농장의 하루 일꾼 … 96
그랜드컨티넨탈 호텔과 그랜드컨티넨탈 리조트의 차이 … 101
손에 남겨진 바나나 몇 개 … 104

인도네시아

사람은 되고, 동물은 안 되고!

"마을 주민 여러분! 오늘 오후 두 시 이웃 섬인 롬복섬으로 가는 배가 출발합니다. 마을 주민들께서는 빠짐없이 선착장으로 나오셔서 배를 타고 안전한 롬복섬으로 대피해 주시기 바랍니다."

이장님은 이른 아침부터 30분마다 반복해서 방송을 했어요. 우딘도 외할머니, 여동생과 함께 떠날 준비를 했어요. 가방에 입을 옷과 집에 있던 음식 몇 가지를 넣었어요.

"아띠! 그런 인형은 들고 갈 수 없어! 꼭 필요한 것만 넣어. 색종이도 빼고, 운동화 넣어."

"싫어. 이 토끼 인형 가지고 갈래. 이번에 가면 집에 못 돌아올지도 모르잖아. 엄마도 화산 때문에 하늘나라 가서 다시 안 돌아왔어."

우딘이 살고 있는 인도네시아의 작은 섬은 요즘 화산 때문에 난리가 났어요. 얼마 전부터 섬 한가운데에 있는 화산이 활동을 시작해서 마을 사람들에게 피하라는 명령이 떨어졌거든요. 원래는 화산 주변 10킬로미터 이내 마을 사람들만 대피하라고 했는데, 화산 활동이 거세지면서 어제부터는 30킬로미터 이내 마을 사람들까지 전부 대피하라고 했어요.

"이 바보야! 그때 엄마는 화산 때문이 아니라 커피 농장에서 일하다가 갑자기 지진이 일어나는 바람에 돌아가신 거지. 지금은 지진이 아니라 화산이라고. 인도네시아에는 화산이 수백 개나 있어. 화산은 대부분 폭발 전에 곧 터질 거라는 표시가 나. 그 사이 피할 시간도 있고. 화산이 활동을 멈추면 집에 다시 돌아올 거야."

말은 이렇게 했지만, 우딘도 겁이 나는 것은 사실이었어요. 화산은 사람의 생명을 빼앗고, 집을 잃게 만드는 커다란 재앙이니까요. 우딘이 살고 있는 인도네시아는 화산 폭발과 지진이 자주 일어나요. 전 세계 화산과 지진 활동의 80퍼센트 이상이 일어나는 '불의 고리' 지역에 속해 있기 때문이에요. 인도네시아 땅을 이루는 1만 6천여 개의 섬도 아주 오래전 화산 폭발로 생긴 거래요.

게다가 지금 우딘은 아빠도 없이 외할머니와 철부지 동생 아띠까지 데리고 섬을 나가야 해요. 아빠는 엄마가 돌아가신 뒤, 돈을 벌기 위해 보르네오섬에 가셨어요. 보르네오섬은 열대 우림 기후라 튼실한 나무들이 엄청 많거든요. 아빠는 목재소에서 나무들을 네모반듯하게 자르는 일을 해요. 아빠가 자른 보르네오섬 목재는 세계로 수출되어 고급 가구를 만드는 데에 사용된대요.

아빠가 떠난 뒤에는 외할머니가 우딘과 아띠를 길러 주셨어요. 그런데 외할머니가 얼마 전부터 조금 이상하세요. 음식에 소금 대신 설탕을 잔뜩 넣으

시지를 않나, 엄마가 살아 있다고 믿고 계시지를 않나……. 요즘은 외할머니가 우딘을 길러 주신다기보다는 우딘이 외할머니를 돌본다고 하는 편이 맞을 거예요.

"오빠, 신타도 데리고 갈 거지?"

"당연하지! 신타도 우리 가족인데."

신타는 우딘이 기르는 염소예요. 우딘의 보물이지요. 매일 풀을 구해 먹이고 쓰다듬어 주었어요. 작년에는 신타가 낳은 새끼를 팔아서 외할머니께 돈을 드리기도 했어요. 동생 아띠가 아파서 밥을 안 먹을 때 염소젖을 먹였더니 금세 낫기도 했고요.

우딘은 외할머니, 아띠와 함께 서둘러 선착장으로 나갔어요. 물론 신타도 데리고요. 작은 선착장은 배를 타려는 사람들로 발 디딜 틈이 없었어요.

"차례차례 타세요. 노약자, 어린이가 있는 가족부터 먼저 태웁시다. 우딘, 할머니 모시고 이쪽으로 와라."

이장님은 우딘을 불러 먼저 배에 태워 주려고 하셨어요. 우딘은 외할머니와 아띠를 앞세웠어요. 한 손에 커다란 가방을 들고, 다른 손에는 신타를 묶은 끈을 잡고 배에 올라타려고 했어요. 그때 이장님이 신타를 가로막았어요.

"우딘, 염소는 배에 탈 수 없어. 지금은 사람 타기에도 자리가 부족해서 신타는 놓고 가야겠다."

"네? 안 돼요! 어떻게 신타를 혼자 두고 가요? 화산이 폭발하면 뜨거운 용암이 흘러나오고, 건물을 덮치잖아요. 그러다 신타가 다치거나 죽기라도 하면 어떻게 해요?"

"네 마음은 이해하지만 어쩔 수 없어. 지금처럼 위급한 상황에는 사람이 먼저니까. 그러니 신타는 놓고, 어서 너만 타라."

우딘은 이장님의 말씀을 따를 수 없었어요. 신타만 놓고 간다니, 말도 안 돼요! 우딘은 들고 있던 가방을 배 위로 휙 던졌어요. 그리고 아띠에게 소리쳤어요.

"아띠! 할머니 모시고 먼저 대피소에 가 있어. 오빠는 신타를 안전한 곳에 데려다 놓고 따라갈게. 할머니 잘 모시고 있어야 해. 알았지?"

신타를 데리고 뒤돌아서는 우딘의 등에 대고 이장님이 큰 소리로 말씀하셨어요.

"우딘! 다음 배는 오늘 저녁 여섯 시에 올 거야. 지금 화산 활동이 점점 활발해지고 있어서 아마 마지막 배가 될 거야. 그때까지는 꼭 돌아와야 한다!"

허연 화산재가 가득한 마을

　우딘은 신타를 끌고 선착장을 내려왔어요. 우딘은 화산이 있는 쪽을 올려다보았어요. 어제보다 더 높이 연기가 치솟고 있었어요. 화산이 활동을 시작한 뒤, 마을에는 화산재가 날려서 마치 뿌연 먼지와 안개 속에 있는 것 같았어요. 앞을 잘 볼 수 없을 정도였고, 매캐한 냄새까지 나서 숨을 쉬기도 어려워요.
　우딘은 눈을 가늘게 뜨고, 손으로 코와 입을 막고 걸었어요. 그때 갑자기 바람이 세게 불면서 화산재가 우딘의 눈에 들어갔어요. 우딘은 맵고 따가운 눈을 비비면서 겨우 집에 도착했어요. 우선 수돗가로 가서 대야에 물을 받았지요. 화산재가 들어간 눈을 씻어 내려고요.
　"이거 뭐야? 그릇마다 화산재가 쌓여 있네. 아휴, 마당에 걸어 놓은 빨래에도 허연 화산재가 앉아 있어. 집 안에 밀가루를 뿌려 놓은 것 같아."
　우딘은 대충 물로 눈을 씻어 낸 뒤, 마당에 널린 빨래들 틈에서 수건을 찾아서 얼굴을 닦았어요. 수건에도 화산재가 잔뜩 묻어 있었지만, 닦고 나니 아까보다는 눈이 조금 나아진 것 같았어요.

마을 사람들이 썰물처럼 빠져 버린 마을은 조용했어요. 이장님을 비롯한 몇몇 어른들만 남아서 화산이 폭발하는 상황을 대비하고 계셨어요.

우딘은 신타를 끌고 엄마 무덤이 있는 집 뒤쪽 언덕으로 올라갔어요. 우딘은 슬프거나 힘든 일이 있을 때에 엄마가 묻혀 있는 이곳에 올라오면 이상하게 마음이 편해지더라고요.

"엄마, 신타를 어디에 두고 가야 안전할까요? 아빠가 어렸을 때 화산이 폭발해서 살던 집도 사라지고, 물소도 많이 죽었다고 하셨어요. 그래서 이 섬으로 이사 온 거라고. 신타를 안전한 곳에 두고 가야 해요. 내가 없는 동안 혼자 있으려면 풀을 마음껏 먹을 수 있는 장소여야 하는데……. 앗, 지금이 오후 세 시이니까 저녁 여섯 시 배를 타려면 서둘러야겠다."

그때 우딘에게 좋은 생각이 떠올랐어요.

"그래. 엄마가 일하던 커피 농장으로 가 보자. 거긴 화산에서 멀리 떨어져 있고, 산 중턱에 있어서 안전할 거야. 고양이도 여러 마리 키우니까 신타가 머물 곳이 있을지도 몰라."

우딘은 신타를 데리고 언덕을 내려갔어요. 그리고 마을을 돌아다니는 순환 버스가 오기를 기다렸어요. 이 마을의 순환 버스는 사람도 동물도 다 탈 수 있어서 우딘도 가끔씩 신타를 데리고 이용하고는 했어요.

"아 참! 아까 버스 기사 아저씨도 배 타고 나가셨지. 커피 농장까지 걸어가야겠구나."

우딘은 신타를 끌고 땀을 뻘뻘 흘리며 커피 농장을 향해 걸었어요. 신타 녀석이 다리가 아픈지 안 가겠다고 고집을 피우는 바람에 중간에 두 번이나 실랑이를 벌여야 했어요. 커피 농장 안에 들어섰을 때 뒤쪽에서 오토바이 한 대가 다가오더니 우딘 옆에서 멈추었어요. 이장님이셨어요.

"우딘 여기 있었구나. 너 찾으러 한참을 돌아다녔다. 너 빨리 집에 가서 엄마 사진이랑 유품 있는 상자 좀 챙겨야겠다. 너희 할머니 때문에 지금 배를 다시 돌려서 선착장에 있어. 할머니께서 딸을 안 데리고 왔다며 배에서 뛰어내리겠다고 하셔서 되돌아온 거야. 어서 오토바이에 타라. 아저씨가 집까지 데려다줄게."

"네? 할머니께서요? 잠시만요. 신타 좀 묶어 놓고요."

우딘은 주변을 둘러보고 커다란 커피나무에 신타를 묶으며 말했어요.

"신타, 여기에서 기다리고 있어. 이장님이랑 얼른 집에 다녀올게."

우딘은 이장님의 오토바이 뒤에 앉아 이장님 허리를 꽉 잡았어요. 오토바이가 일으키는 바람 사이로 고소한 커피 향기가 실려 오고 있었어요.

카사바를 캐는 아산 할아버지

　집에 도착한 우딘은 신발을 집어 던지고 급히 방으로 들어갔어요. 엄마가 결혼할 때 사 왔다는 작은 장롱 안에 엄마 사진과 엄마가 쓰던 물건들이 있거든요.
　"아저씨, 이거예요! 엄마가 쓰던 물건들. 할머니는 매일 이걸 꺼내 보면서 엄마를 기다리셨어요."
　"휴, 엄마가 돌아가시고 할머니께서 충격이 크셨나 보다. 그 뒤로 치매가 심해지셨잖니. 하긴 갑작스러운 지진에 딸을 잃었으니 그럴 만도 하시지. 인도네시아는 환태평양 지진대와 환태평양 화산대가 겹쳐 있는 땅이라서 자연재해가 자주 일어나. 할머니는 수많은 자연재해를 겪으셨을 텐데도 딸을 잃은 4년 전 지진은 잊지 못하고 계시는 것 같아. 이번 화산 폭발은 별일 없이 무사히 지나가야 할 텐데……. 아 참, 내 정신 좀 봐라. 다들 배에서 기다리니까 빨리 가 봐야겠다. 우딘, 이따가 여섯 시에 선착장에서 보자."

이장님은 오토바이를 타고 가셨어요. 우딘은 다시 한 번 집 주변을 살폈어요. 여전히 뿌연 먼지 같은 화산재가 날리고 있었어요. 별 소용없다는 것은 알지만 집에 있는 문을 전부 닫았어요. 혹시 화산이 폭발하더라도 흙더미가 집 안으로 흘러 들어오지 않기를 바라면서요.

우딘은 커피 농장 쪽으로 빠르게 걸었어요. 신타를 데리러 가야 하니까요. 신타가 머물 집을 마련해 주고, 선착장으로 여섯 시까지 가려면 서둘러야 해요. 적도에서 가까운 인도네시아의 불 같은 태양이 우딘의 머리맡에서 이글거리고 있었어요.

얼마쯤 걸었을까요? 저쪽 밭에서 할아버지 한 분이 일을 하고 계셨어요. 가까이 가 보니 아산 할아버지였어요. 외할머니랑 잘 알고 지내시는 사이라서 우딘도 자주 뵈었던 분이에요.

'마을 사람들은 전부 배를 타고 섬을 떠나라는 대피 명령이 나왔는데, 아산 할아버지는 왜 아직도 저기에 계시지?'

가까이 가서 보니 아산 할아버지는 밭에서 열심히 카사바를 캐고 있었어요. 카사바는 고구마처럼 생긴 식물이에요. 쪄 먹기도 하고, 말린 뒤 얇게 잘라서 간식으로 먹기도 해요.

우딘이 아산 할아버지를 몇 번이나 불렀지만, 아산 할아버지는 뒤를 돌아보지 않으셨어요.

'아 참, 아산 할아버지는 귀가 어두우시지!'

우딘이 가까이 가서 할아버지의 등을 살짝 쳤어요. 할아버지는 그때서야 등을 돌려 우딘을 쳐다보셨어요.

"여기서 뭐 하세요? 곧 화산이 폭발할지도 몰라요. 얼른 섬에서 나가셔야

해요!"

"뭐라고?"

할아버지가 잘 알아듣지 못하시니까 우딘의 목소리도 점점 커졌어요.

"화. 산. 때. 문. 에. 위. 험. 하. 다. 고. 요!"

귀가 잘 들리지 않는 할아버지는 사람의 입 모양을 보고 말을 알아들으셨어요. 할아버지는 우딘의 말을 겨우 이해하고는 다시 밭일을 하시면서 혼잣말처럼 말씀하셨어요.

"인도네시아에서 화산 폭발은 여러 번 있었어. 크라카타우섬 화산 폭발 때에는 섬의 3분의 2가 날아가고, 땅이 산산조각이 난 적도 있어. 화산이 좀 뜨거워졌다고 괜히 호들갑 떨 필요 없어."

그러면서 할아버지는 느릿한 동작으로 밭에 한가득 널려 있는 카사바를 커다란 포대에 담기 시작하셨어요.

"아니에요. 지금 위험해요! 저기 보세요. 화산 연기가 점점 높이 솟아오르고 있잖아요. 마을 사람들은 전부 섬을 떠났어요. 할아버지도 이 섬에서 나가셔야 해요."

"화산이 폭발하면 용암이 흐르는 것만 문제가 아니야. 화산재가 햇빛을 가리고, 농작물에 붙어서 농사를 망치는 것도 생각해야지. 탐보라 화산이 터졌을 때 화산 폭발 때문에 죽은 사람보다 이듬해 굶어 죽은 사람이 더 많았대. 하긴 그때 흘러나온 화산재가 오랜 세월이 지나 지금 이렇게 인도네시아를 비옥한 땅으로 만들어 주기는 했지만. 화산이 활동을 시작하면 비상식량부터 준비해 두어야 해. 이 카사바가 위급할 때 인도네시아 사람들에게는 비상식량이 되어 주지."

우딘은 답답했어요. 지금 이러고 계실 시간이 없어요. 아산 할아버지도 여섯 시에 마지막 배를 타고 섬을 빠져나가셔야 해요. 아마 귀가 잘 들리지 않아서 이장님이 방송하는 소리도 잘 못 들으셨을 거예요.

'고집불통 할아버지! 에이, 모르겠다! 나 먼저 가야지. 할아버지는 알아서 피하시겠지!'

그러나 우딘은 할아버지를 두고 몇 걸음을 가다가 다시 돌아왔어요. 차마 할아버지를 혼자 두고 갈 수는 없었어요. 우딘은 할아버지를 도와서 카사바를 포대에 담기 시작했어요. 할아버지가 캐 놓은 카사바가 여섯 포대나 되더라고요. 우딘은 아산 할아버지와 함께 카사바 포대를 들어서 옮겼어요. 할아버지의 창고에는 쌀도 몇 포대 놓여 있었어요. 할아버지는 카사바를 창고 가장 위쪽에 올려놓으시고는 단단하게 끈으로 묶었어요. 우딘이 도와 드린 덕분에 빨리 끝난 거지, 안 그랬으면 오늘 저녁이 지나도 다 끝내지 못했을 걸요.

"고맙다."

"할아버지, 여섯 시까지 선착장으로 꼭 가셔야 해요. 벌써 오후 네 시가 넘었어요. 그 배가 마지막이니까 꼭 타셔야 해요. 그 배가 떠나면 마을에는 아무도 남아 있지 않을 거예요."

"너나 가거라. 나는 여기에서 기다려야 할 사람이 있어. 우리 아들이 4년 전, 지진이 난 뒤에 집을 떠났어. 이 마을이 싫다면서 자카르타로 가서 돈을 벌겠다고 했지. 그 뒤로 전화 한 번, 편지 한 통이 없었어. 자카르타는 무척 복잡하다던데, 얼마나 고생을 하고 있을지……. 아들이 언제든지 이 섬으로 돌아올 수 있도록 내가 기다려 줘야 해."

할아버지는 어느새 눈가가 촉촉해졌어요. 마치 영화의 한 장면을 이야기하는 것처럼 회상에 잠겼어요.

"안 돼요, 할아버지. 빨리 저랑 선착장으로 같이 가요. 아들 기다리는 것은 화산이 멈추고 난 뒤에 하셔도 된다고요."

우딘은 할아버지를 끌고 선착장으로 갔어요. 할아버지의 옷깃을 억지로 잡아끌다시피 해서 겨우 선착장에 도착했어요. 선착장에는 이장님이 계셨어요.

"이장님, 아산 할아버지 좀 부탁드려요. 배를 안 타고 마을에 남겠다고 하셔서 제가 모시고 왔어요."

"아이고, 내가 혼자 계시는 아산 어르신을 미처 챙기지 못했구나. 수고했다, 우딘. 그런데 신타는 잘 데려다 놓은 거지?"

"아 참! 신타!"

고양이똥 커피가 뭐가 중요해!

우딘은 커피 농장을 향해 있는 힘껏 달렸어요. 벌써 다섯 시가 다 되었으니까 이제 정말 시간이 얼마 남지 않았어요. 우딘은 심장이 터질 것 같았지만 쉴 수가 없었어요. 마음도 급하고, 혼자 있을 신타가 걱정되어서요.

커피 농장에 도착했을 때 우딘은 깜짝 놀랐어요. 신타를 묶어 놓았던 커피나무가 덩그러니 혼자 놓여 있었거든요. 신타가 줄을 풀고 어디론가 가 버린 거예요. 우딘은 신타를 부르며 찾으러 다녔어요.

"신타, 어디 있어? 신타! 이 녀석이 어디로 간 거야!"

신타가 멀리 도망을 가 버린 것은 아닌지, 혹시 길을 잃은 것은 아닌지 걱정이 몰려왔어요. 우딘은 커피 농장 여기저기를 뛰어다니며 신타를 찾았어요. 평상시 같으면 많은 사람들이 이 농장에서 일을 하고 있었을 거예요. 인도네시아는 커피를 많이 수출하는 나라거든요. 모두가 배를 타고 섬을 빠져

나간 오늘은 농장 안에 아무도 보이지 않았어요. 우딘은 힘이 쭉 빠지는 것 같았어요.

그때 저쪽 커피콩을 말리는 마당에 고양이 대여섯 마리가 몰려 있는 것이 보였어요. 우딘은 혹시 몰라서 그쪽으로 달려갔지요. 역시나 신타가 거기에 있었어요.

"신타!"

우딘이 달려가서 신타를 안았어요. 신타도 반가운지 우딘의 가슴팍에 머리를 들이밀었어요. 그때 건물 안에 있던 아주머니가 나오셨어요. 무척 화가 난 모습이었어요.

"네가 이 염소 주인이니? 네가 키우는 염소가 한 짓을 좀 봐라."

"네? 왜 그러세요?"

아주머니가 가리키는 곳을 본 우딘은 깜짝 놀랐어요. 비명이 저절로 터져 나올 정도였지요.

"으악! 신타, 너 지금 이거 먹은 거야?"

신타가 마당에서 말리고 있던 커피콩을 먹었어요. 그런데 그게 그냥 커피콩이 아니에요. 인도네시아 사향고양이가 커피 열매를 먹고 배설한 커피콩, '코피 루왁'이었다고요. 워낙 귀해서 보통 커피보다 훨씬 비싼 커피예요. 그걸 지금 신타 이 녀석이 맛있게 먹어 치운 거예요.

"너 이 커피가 어떤 커피인지 알지? 인도네시아의 특산품으로, 한 해에 아주 적은 양만 나오는 귀한 거야. 게다가 우리 농장의 코피 루왁은 전부 한국으로 수출하고 있다고. 이 일을 어쩌면 좋아! 너 이거 어떻게 물어낼래?"

우딘은 어쩔 줄 몰라 고개를 푹 숙였어요. 신타 녀석은 자기가 뭘 잘못한지도 모르고 해맑은 얼굴로 우딘을 쳐다보고 있었어요.

그때 오토바이가 다가오는 소리가 들렸어요. 아, 이장님이셨어요!

"우딘, 어서 선착장으로 가자!"

이장님을 본 아주머니는 마구 화를 내면서 조금 전에 있었던 일을 설명하기 시작했어요. 이장님은 아주머니의 이야기를 다 듣더니 오히려 큰소리를 쳤어요.

"지금 당장 사람 목숨이 위험한데, 그깟 고양이똥 커피가 문제입니까? 그 냄새나는 똥 커피 좀 안 마시면 어떻다고! 아주머니도 이럴 때가 아니니까 얼른 준비해서 선착장으로 나오세요. 시간이 없어요. 우딘, 어서 가자. 아저씨가 부탁해서 배가 한 척 더 오기로 했다. 마을에 있는 동물들도 데리고 나가려고. 신타도 데리고 가자. 아주머니도 염소가 먹어 버린 커피는 그만 포기하고, 고양이들 챙겨서 얼른 나오세요."

우딘은 고개를 들어서 이장님을 올려다보았어요. 이장님 뒤로 뿌연 화산재가 날리고 있었어요. 그 순간 우딘에게는 이장님이 마치 하얀 구름 속에서 환히 빛나는 천사처럼 느껴졌어요.

아빠에게

아빠 잘 지내시죠?

저는 지난주에 집에 돌아왔어요. 섬을 떠난 지 한 달 만이에요.

화산재를 내뿜으면서 곧 폭발할 것 같았던 화산이 활동을 멈추었거든요.

완전히 멈춘 건 아니에요. 여전히 활동을 하고 있는 활화산인데,

위험이 4단계에서 3단계로 낮춰진 거예요.

4단계는 '매우 위험'이라서 지역 주민 모두 대피하라는 명령이었어요.

그때는 화산재가 하늘을 가득 메워서 비행기가 다니는 것도 금지되었어요.

지금은 3단계라서 돌아올 수 있었지만, 만약 화산 활동이 다시 거세지면 또 섬을 나가야 한대요.

집에 왔더니 화산재가 집 안 여기저기에 쌓여 있어서 이틀 동안이나 물청소를 했어요.

이번 주부터는 휴교했던 학교도 문을 열어서 학교에 가고 있어요.

아띠는 글자를 배우기 시작했어요. 내년에 학교 들어가기 전에 다 배우는 게 목표래요.

할머니는 아직도 이상하세요. 어제는 다른 집에 가서 우리 집이라고 우기시는 바람에

싸움이 일어날 뻔했어요. 다행히 이장님이 연락을 주셔서 제가 가서 모시고 왔어요.

참, 신타는 새끼를 가졌어요. 이번에는 많이 좀 낳았으면 좋겠어요.

새끼 한 마리는 제가 키울 거예요. 나머지는 팔아서 할머니께 돈을 드리려고요.

아빠! '하리 라야 이둘 피트리'에는 집에 오실 거지요?

인도네시아 사람들에게 가장 큰 이슬람교 명절이잖아요.

아빠랑 새 옷을 입고 이슬람교 사원에 가서 기도하고 싶어요.

할머니 빨리 낫게 해 달라고, 신타가 새끼를 잘 낳게 해 달라고 빌 거예요.

아빠, 꼭 오세요. 기다릴게요!

우딘 올림

여기서 잠깐!
인도네시아 알아보기

세계에서 가장 많은 섬들로 이루어진 나라

인도네시아는 세계에서 가장 많은 섬으로 이루어진 나라이다. 말레이시아와 오스트레일리아 사이에 있으며, 인도양부터 태평양에 걸쳐 있다. 인도네시아를 이루고 있는 섬들 중 1만 개 이상이 사람이 살지 않는 무인도이며, 아예 이름조차 없는 섬도 있다고 한다. 동서 간의 거리는 5천 킬로미터가 넘어서 같은 인도네시아여도 세 시간의 시차가 난다. 섬들을 다 합친 땅은 우리나라의 약 열아홉 배 크기이다.

인구는 약 2억 6천만 명으로 중국, 인도, 미국에 이어서 세계에서 네 번째로 많다. 인구의 60퍼센트 이상이 자바섬과 수마트라섬에 몰려 살고 있다. 자바섬에 있는 인도네시아의 수도 자카르타는 세계에서 인구 밀도가 높은 도시 중 하나이다.

인도네시아의 대표 섬

자바섬 : '승리의 마을'이라는 뜻을 가진 섬으로, 화산 활동으로 만들어졌고, 지금도 화산 폭발이 자주 일어난다. 인도네시아 전체 인구의 절반 이상이 살고 있으며, 토지가 비옥하여서 벼농사가 발달했다.

수마트라섬 : 세계에서 여섯 번째로 큰 섬으로, 인도네시아 인구의 약 20퍼센트가 이 섬에서 살고 있다. 열대 우림이 우거져서 다양한 동식물이 살고 있으며, 2004년 유네스코는 이곳을 세계 자연 유산으로 지정했다. 하지만 무분별한 벌목으로 나무를 너무 많이 베는 바람에 숲이 파괴되어서 지금은 세계 위기 유산이 되었다.

발리섬 : 국민 대다수가 이슬람교를 믿는 인도네시아에서 힌두교의 문화와 전통을 간직하고 있는 섬이다. 이 지역을 다스리던 왕조의 오랜 전통이 남아 있는 데다가, 외부의 침입을 덜 받았기 때문에 힌두교 문화를 지킬 수 있었다. 탁 트인 평야와 아름다운 산, 깨끗한 바다가 고루 갖추어져 있어서 전 세계 관광객들이 찾는 여행지이다.

보르네오섬 : 이 섬은 세 나라가 나누어 차지하고 있다. 가장 큰 부분이 인도네시아 영토이고, 위쪽 일부가 말레이시아와 브루나이의 영토이다. 열대 밀림 지대로 고무나무 농장과 야자 농장이 많다.

인도네시아의 기후

적도가 지나는 인도네시아는 열대 몬순 기후 지역이다. 1년 내내 기온이 매우 높고 비가 많이 내린다. 대부분의 지역이 연평균 25~27도의 높은 기온을 나타내는데, 수도 자카르타는 기온이 높을 뿐만 아니라, 습도가 연평균 75~85퍼센트나 되는 덥고 축축한 날씨이다. 또한 열대 몬순 기후의 영향으로 연중 강우 지역인 적도 부근을 제외하고는 대체로 비가 많이 오는 우기(10월~이듬해 4월)와 비가 많이 내리지 않는 건기(5~9월)가 뚜렷이 구분된다.

인도네시아의 쌀 소비량

인도네시아 인구의 절반은 농사를 짓는다. 1년 내내 햇볕이 뜨겁고 비가 많이 내려서 농사짓기에 알맞은 기후를 가졌기 때문이다. 인도네시아는 중국, 인도 다음으로 쌀 생산량이 많은 나라이다. 하지만 쌀이 모자라서 매년 태국과 베트남에서 쌀을 수입하고 있다. 쌀이 부족한 이유는 우선 높은 산악 지형이거나 습기가 너무 많아서 벼농사를 지을 수 있는 땅이 제한적이기 때문이다. 또한 최근에 경제가 공업 위주로 발전하면서 농사를 지을 땅이 줄어드는 것도 원인이다. 또다른 이유로는 밥을 많이 먹는 식습관 때문이다. 인도네시아와 마찬가지로 쌀을 주식으로 하는 우리나라의 1인당 연간 쌀 소비량이 약 75킬로그램인 반면, 인도네시아는 1인당 연간 쌀 소비량이 약 1,400킬로그램에 달할 정도로 쌀을 많이 먹는다.

세계에서 세 번째로 쌀을 많이 생산하는 국가에서 쌀을 수입한다고?

인도네시아를 대표하는 음식, 나시고렝

나시고렝만 봐도 이 나라 사람들이 얼마나 쌀을 좋아하는지 알 수 있다. 나시고렝은 쌀밥에 해산물, 고기, 채소, 달걀과 특유의 향신료를 넣어 볶아 낸 밥이다. 온도가 높고 습기가 많은 날씨에서는 음식이 금세 쉬어 버려서 인도네시아 사람들은 밥을 오래 보존하기 위해서 기름에 볶은 나시고렝을 먹기 시작했다. 인도네시아에서는 음식점을 평가할 때 나시고렝을 얼마나 잘하는지 여부로 결정할 정도이다.

인도네시아의 지형

땅속에 있는 뜨거운 마그마가 지표면에 뚫린 구멍을 통해서 솟아 나오는 것을 화산 폭발이라고 한다. 화산 폭발이 자주 일어나는 땅을 세계 지도에 표시해 보면 태평양의 가장자리를 따라서 둥근 띠 모양으로 연결할 수 있다. 화산은 지각이 서로 부딪치는 곳에서 일어나기 때문에 지진대와도 거의 일치한다. 그래서 이 지역을 '환태평양 화산대' '환태평양 지진대' 일명 '불의 고리'라고 부른다. 지구상에서 일어나는 화산과 지진의 70~80퍼센트가 이곳에서 일어난다.

인도네시아는 이 환태평양 화산대와 지진대가 지나는 곳에 걸쳐 있어서 지진과 화산 폭발 같은 자연재해가 많이 일어난다. 인도네시아에는 수백 개의 화산이 모여 있고, 그중에는 지금도 활동을 하고 있는 화산도 있어서 언제든지 화산 폭발이 일어날 수 있다.

화산이 폭발하면 그 폭발력으로 산이 사라져 버리기도 하고, 도시 전체를 파괴하기도 하는 등 자연환경과 그곳에 사는 사람들의 생활을 완전히 바꾸어 놓는다. 또한 많은 사람들의 생명과 재산을 빼앗는 재앙을 가지고 오며, 거대한 화산 폭발이 일어나면 전 세계 기후가 짧게는 몇 개월, 길게는 몇 년 동안 변하기도 한다.

이처럼 화산이 폭발하면 엄청난 피해를 입지만, 오랜 세월이 흐른 뒤에는 인간에게 이로움을 주기도 한다. 화산 때문에 생긴 화산암질 토양은 일반 흙보다 기름져서 농사에 유리하기 때문이다. 자바섬, 수마트라섬에서 많은 사람이 모여 사는 것도 흙이 기름지기 때문이다. 이곳은 따로 거름을 주지 않아도 농작물이 잘 자란다. 인도네시아에서 좋은 쌀이 생산되는 것도, 커피가 유명한 것도 모두 화산재가 만든 화산암질 토양 때문이다.

유럽의 여름을 빼앗은 탐보라 화산

인도네시아에서는 크고 작은 화산 폭발이 수없이 일어났지만, 그중에서도 탐보라 화산 폭발은 인류 역사에 길이 기록될 사건이다. 숨바와섬의 탐보라 화산은 1815년 4월, 엄청난 독가스와 뜨거운 용암을 내뿜었고, 순식간에 폭발해서 섬에 살던 1만여 명이 목숨을 잃었다. 거대한 화산재가 태양을 가리는 바람에 3일 동안 태양빛을 볼 수 없어서 컴컴했을 정도였다고 한다. 화산 폭발로 솟구친 흙이 주변 농지를 뒤덮고, 화산재가 해를 가려서 농사를 지을 수 없었다. 결국 8만 2천여 명이 굶어 죽었다. 이듬해인 1816년에는 탐보라 화산에서 나온 화산재가 유럽까지 넘어가서 유럽의 여름 기온이 크게 떨어졌다. 그래서 1816년을 '유럽에서 여름이 사라진 해'라고 한다.

섬 전체를 산산조각 낸 크라카타우섬 화산 폭발

1883년 8월, 자바섬과 수마트라섬 사이에 있는 크라카타우섬에서 우르르 쾅쾅거리는 소리가 점점 커지더니 크라카타우 화산에서 시뻘건 불길이 치솟고 역겨운 냄새가 섬 전체를 뒤덮었다. 연이어 산더미 같은 파도와 지진 해일이 주변 섬까지 덮쳤다. 폭발 소리는 약 3천 킬로미터 떨어진 오스트레일리아에서도 들릴 정도였는데, 이 폭발로 섬의 3분의 2가 파괴되었고, 약 3만 6천여 명이 목숨을 잃었다. 하늘로 치솟아 오른 화산재 때문에 해와 달이 초록색으로 보이고, 재투성이 비가 내렸다. 크라카타우 화산 폭발은 인류 역사상 매우 큰 규모의 화산 폭발 중 하나이다.

크라카타우 화산 폭발(1883년) 모습을 그린 그림

세계에서 가장 비싼 고양이똥 커피

인도네시아는 커피 생산과 수출이 많은 나라이다. 건기와 우기가 뚜렷한 기후는 커피가 자라기에 좋은 환경이다. 인도네시아 커피 중에서도 '코피 루왁'은 세계에서 비싼 커피 중 하나이다. 인도네시아에 사는 사향고양이들은 쥐나 개구리를 잡아먹으며 사는데, 소화를 돕기 위해서 잘 익은 커피 열매를 따 먹는다. 이때 소화가 잘되는 껍질과는 달리 한가운데 있는 커피 씨앗은 소화가 되지 않은 채 그대로 배설이 된다. 이렇게 사향고양이 배설물에서 나온 커피 알맹이를 가공해서 만든 커피가 '코피 루왁'이다. 고양이 몸을 거치는 동안 숙성이 되면서 커피에 독특한 맛과 향이 생기기 때문에 커피를 좋아하는 사람들이 찾는 고급 커피이다. 한 해에 매우 적은 양만 만들어지기 때문에 일반 커피보다 훨씬 비싼 가격에 팔린다.

위기에 빠진 인도네시아의 동물들

인도네시아 열대 우림 지역에는 화려한 새들과 도마뱀, 독수리, 독사, 악어 등 신기한 동물들이 많이 살고 있는데, 요즘 이 동물들이 큰 위기에 빠져 있다. 무분별한 개발로 점점 그 수가 줄어들고 있기 때문이다. 뿔이 두 개인 수마트라코뿔소는 개체 수가 지속적으로 줄어서 머지않아 멸종될 위기에 처해 있다. 자바코뿔소는 이미 멸종되었고, 수마트라호랑이와 자바호랑이도 이대로라면 곧 지구에서 사라질 것이다. 오랑우탄은 인도네시아에서 볼 수 있는 대표적인 동물로, 주로 보르네오섬과 수마트라섬의 깊은 숲속에 산다. 하지만 열대 우림이 파괴되면서 오랑우탄 수도 점차 줄어들고 있다. 그래서 인도네시아 정부는 오랑우탄 보호를 법으로 정해 놓고 동물들을 지켜 가고 있다.

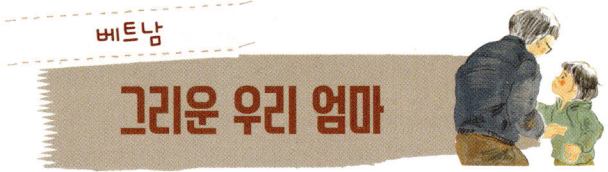

베트남
그리운 우리 엄마

비행기가 하늘로 떠오르자 세연이는 비로소 마음이 놓였어요. 처음 타는 비행기가 신기한 것도 잠시뿐, 세연이 머릿속에는 엄마와 아빠 얼굴이 자꾸 겹쳐졌어요.

'드디어 엄마를 만날 수 있어! 3년이나 보지 못했는데, 엄마가 나를 알아보지 못하면 어쩌지?'

세연이 엄마는 베트남 사람이에요. 엄마와 아빠는 세연이가 2학년 때 이혼을 했어요. 엄마는 외할머니가 계신 베트남 고향 집으로 돌아갔고요. 세연이는 엄마가 무척 보고 싶었어요. 오늘 비행기를 타기까지 아빠를 얼마나 졸랐는지 몰라요.

"아빠, 엄마에게 한 번만 보내 주세요. 비행기값 하려고 그동안 용돈을 6만 원이나 모았어요. 이걸로 비행기표 사 주세요. 네?"

"그걸로는 턱없이 부족해. 그리고 어린애가 어떻게 혼자 베트남을 가겠다고 해?"
"그럼 아빠도 같이 가면 되잖아요. 오랜만에 엄마도 보고……."

"아빠는 아직 엄마를 볼 마음의 준비가 되지 않았어. 요즘 식당 일이 바쁘기도 하고. 그리고 너 베트남이 얼마나 먼지 알아? 베트남 남쪽 호찌민까지 비행기를 타고 여섯 시간이나 걸려. 외할머니 댁에 가려면 호찌민에서 다시 버스를 두 시간 타고, 배로 갈아타야 갈 수 있다고."

"엄마에게 공항에 나와 달라고 하면 되잖아요. 이번 겨울 방학 숙제가 가족 중 가장 좋아하는 사람이랑 사진 찍고 그 사람을 인터뷰하는 거예요. 엄마 만나서 숙제하고 싶어요."

"그 숙제를 꼭 엄마로 해야 해? 아빠나 할아버지로 하면 되잖아."

"싫어요. 가장 좋아하는 가족을 인터뷰하는 거니까 저는 꼭 엄마로 하고 싶단 말이에요."

세연이는 아빠 앞에서 눈물까지 보이면서 부탁했어요. 아빠도 더 이상 반대를 할 수 없었어요. 아빠는 세연이 바람대로 베트남까지 가는 비행기 표를 사 주었어요. 하지만 세연이를 혼자 보내는 것이 여전히 걱정스러웠나 봐요. 식당에서 같이 일하는 베트남인 아저씨가 고향에 가신다고 해서 세연이를 데리고 가 달라고 부탁했대요. 그 아저씨는 세연이도 몇 번 본 적이 있어서 잘 알아요. 원래 이름은 '호앙'인데, 아빠가 그냥 '홍'이라고 불러요. 세연이도 아빠를 따라서 홍 아저씨라고 부르고요. 홍 아저씨는 비행기를 타자마자 앞쪽 모니터에 있는 지도를 보면서 세연이에게 베트남에 대해 설명을 했어요.

"세연, 베트남 처음이지?"

"네."

"세연, 이 지도 봐. 위아래로 길지? 베트남은 아시아 대륙 남동쪽에 있어. 베트남이 있는 이 땅은 인도차이나반도, 동쪽의 이 바다는 남중국해. 베트남은 남북으로 긴 나라야. 세연 엄마 집은 여기, 호찌민에서 조금 떨어진 메콩강 쪽."

홍 아저씨는 세연이에게 베트남의 이것저것을 알려 주려고 애썼어요. 사실 세연이는 홍 아저씨 말을 듣는 둥 마는 둥 했어요. 딴생각을 하고 있었거든요. 엄마를 인터뷰할 때 어떤 질문을 할지 고민하고 있었어요.

'아빠랑 왜 이혼을 했는지, 아빠가 지금도 미운지 물어볼까? 한국에서 나랑 같이 살면 안 되는지 물어보면 엄마가 대답해 줄까?'

엄마는 어디에

자정이 훌쩍 넘어서 출발한 비행기는 아침쯤 호찌민 공항에 도착했어요. 세연이는 홍 아저씨와 함께 짐을 찾고, 베트남 입국 심사도 잘 마쳤어요.

'내가 혼자서도 이렇게 잘하는데, 아빠는 괜히 걱정이야. 이제 저 문으로 나가면 엄마가 나를 기다리겠지? 첫 인사를 뭐라고 하지? 그사이 엄마가 한국말을 잊어버린 건 아니겠지? 나는 베트남 말 다 잊어버려서 하나도 기억 안 나는데…….'

세연이는 가슴이 콩닥콩닥 뛰었어요. 세연이는 홍 아저씨와 함께 짐을 끌고 문밖으로 나갔어요. 그리고 주변을 둘러보면서 엄마를 찾았어요. 홍 아저씨도 세연이 엄마를 찾으려고 두리번거렸어요. 그런데 아무리 찾아도 세연이 엄마가 없는 거예요.

"어? 이상하다! 분명 아빠가 엄마한테 연락해서 엄마가 공항에서 기다리게 해 준다고 했는데…….”

그때 어떤 아저씨 한 사람이 세연이 앞으로 다가왔어요.

"김세연?"

"네, 제가 김세연인데요."

"나 세연이 외삼촌. 세연 엄마 아파. 다리 아파. 외삼촌과 가자."

외삼촌이라는 사람은 자기 다리를 두 손으로 감싸며 깁스 모양을 표현했어요. 외삼촌은 홍 아저씨랑 베트남어로 대화를 나누었어요. 그러더니 홍 아저씨는 엄마와 전화 통화를 했어요. 그리고는 세연이에게 이 상황을 설명해 주었어요.

"엄마가 어제 발을 잘못 디뎌서 발목에 깁스를 했대. 배 내리는 곳에서 기다리고 있을 거라고 외삼촌과 같이 오래. 그리고 외삼촌은 너 어렸을 때 본 적 있대. 한국에서 일할 때 너희 집에 자주 갔대. 그래서 한국어도 조금 할 수 있고. 외삼촌 따라가. 아저씨랑은 여기서 헤어지자. 한국에서 보자, 세연!"

엄마를 본다고 잔뜩 기대하고 나왔는데, 엄마를 보려면 몇 시간 더 걸린다고 하니까 세연이는 갑자기 힘이 쭉 빠지는 것 같았어요.

한겨울과 한여름 사이

외삼촌을 따라서 공항 밖으로 나갔더니 더운 기운이 확 몰려왔어요. 버스 정류장까지 걷는 동안 세연이 이마에 땀이 송골송골 맺히더니, 어느새 속에 입은 티셔츠가 흠뻑 젖어 버렸어요.

'이럴 줄 알았으면 좀 얇은 옷을 입고 오는 건데……. 한국은 오늘 영하 7도라고 했는데, 여긴 도대체 몇 도인 거야? 완전 한여름 날씨네!'

세연이는 잠시 가던 길을 멈추고 입고 있던 겉옷을 벗었어요. 외삼촌은 세연이가 땀을 흘리는 모습이 재미있나 봐요.

"한국 겨울, 호찌민 오늘 30도."

어쩐지! 30도이면 우리나라 7, 8월 날씨잖아요. 반소매, 반바지를 입어야 할 날씨에 세연이는 긴바지에 두툼한 잠바까지 입고 있었으니, 더울 만도 하지요.

세연이는 외삼촌을 따라서 버스에 올라탔어요. 곧이어 버스가 출발했는

데, 아 글쎄, 버스에 에어컨이 없는 거예요! 더워서 창문을 열어 놓았더니 도로를 달리는 수많은 오토바이들이 내는 소음과 매연으로 목이 따끔거렸어요.
"두 시간, 두 시간."
외삼촌이 세연이에게 손가락 두 개를 펼쳐 보이면서 말했어요. 세연이는 고개를 끄덕이고 창밖을 바라보았어요. 멀리 호찌민 시내가 보였어요. 베트남에서 제일 큰 도시라고 하더니 과연 높은 빌딩들이 그득하네요. 프랑스식 성당 건물도 있고요. 베트남에서 가장 많은 사람들이 살고 있는 도시답게 길거리에는 활기가 넘쳤어요. 버스는 어느새 호찌민 시내를 벗어나서 드넓은 들녘을 달리고 있었어요.
"어? 저거 벼, 쌀 나오는 벼다!"
세연이는 벼가 심긴 논을 가리키며 말했어요. 올봄에 농촌 박물관에 체험 학습을 간 적이 있어서 벼를 구별해 낼 수 있었거든요. 외삼촌은 세연이가 가리키는 것을 보면서 슬며시 웃었어요.
"베트남 1년에 세 번 벼농사 지을 수 있다. 쌀 수출 많이 해."
세연이도 외삼촌 말을 알아듣고 고개를 끄덕여 주었어요. 처음에는 좀 낯설었는데, 외삼촌이라고 하니 어쩐지 싫지 않았어요. 아마 엄마랑 얼굴이 약간 닮아서 더 친근한 느낌이 드는 것 같기도 해요.
그런데 달리던 버스가 갑자기 멈추었어요. 운전기사가 내려서 차를 살피더니 버스 안에 있는 사람들에게 큰 소리로 무엇인가를 이야기했어요. 어리둥절한 세연이에게 외삼촌이 말했어요.
"세연 내려. 버스 고장. 잠깐 기다려."
고장이라니! 엄마를 보고 싶은 마음에 한시가 급한데……. 세연이는 하는 수 없이 버스에서 내려서 차를 고치는 모습을 지켜보았어요. 기다리는 동안 외삼촌은 세연이에게 자꾸 말을 걸었어요. 오랜만에 보는 조카랑 친해지고 싶은가 봐요.

"베트남 말 연습해. 안녕하세요 씬 짜오(Xin chào), 감사합니다 씬 다 따(Xin đa ta), 외할머니 바 응오아이(bà ngoai)."

하긴 세연이도 걱정이 되긴 했어요. 처음 보는 외할머니한테 어떻게 인사를 할지 생각 중이었거든요. 외삼촌이 하는 대로 세연이도 따라 했어요.

"안녕하세요? 씬 짜오. 감사합니다. 씬 다 따. 씬 짜오, 씬 다 따."

세연이는 몇 번이고 반복해 말하면서 기억하려고 애썼어요.

산 넘고 물 건너서 외갓집으로!

    고장 났던 버스가 수리를 마치고 다시 시골길을 달렸어요. 덜컹거리며 한 시간쯤 달리더니 작은 버스 터미널에 도착했어요. 터미널이라는 간판만 있을 뿐, 작은 가게 앞 버스 정류장이라고 해야 맞겠네요. 외삼촌은 세연이의 트렁크를 끌면서 앞쪽으로 걸어갔어요. 외삼촌을 따라가다 보니 넓은 강이 눈앞에 펼쳐졌어요. 산도 예쁘게 어우러져 있었고요. 마치 그림엽서를 보는 느낌이었어요.

    사람들이 다니는 길 양옆에는 채소를 파는 리어카들과 바게트를 파는 자전거들이 늘어서 있었어요. 어떤 아주머니는 어깨에 과일을 담은 바구니를 메고 돌아다니면서 장사를 하고 있네요. 세연이는 먹을 것을 파는 가게들을 보자 정신이 팔렸어요. 사실 배가 조금 고팠거든요. 비행기에서 밥을 먹기는 했지만, 흥분해서인지 제대로 먹지 못했어요. 두 시간 넘게 버스를 타고 왔더니 배에서 꼬르륵 소리가 났어요.

"아, 저거 바게트 샌드위치네! 베트남에서도 샌드위치를 먹나 봐. 저건 쌀국수. 베트남에서 제일 유명한 음식이야. 엄마랑 자주 먹었어. 국물이 정말 시원한데……."

세연이가 음식을 보면서 입맛을 다시던 그때였어요.

"으악!"

세연이가 달려오는 오토바이를 피하려다가 그만 진흙 길에 쭉 미끄러졌어요. 먹을 것에 정신이 팔린 채 걷다가 앞에서 오던 오토바이를 뒤늦게 발견하고 제대로 피하지 못한 거예요. 세연이가 넘어지면서 과일 리어카 모퉁이를 잡는 바람에 망고, 바나나 같은 과일들이 바닥으로 쏟아졌어요.

몇 걸음 앞서가던 외삼촌이 놀라서 달려왔어요. 세연이를 일으켜 세우면서 옷에 묻은 흙을 털어 주었어요.

"세연이 오케이?"

그러더니 흩어진 과일들을 다시 주워 담고, 과일 장수에게 사과를 했어요. 세연이도 엉덩이에 묻은 흙을 털어 냈어요. 하지만 세연이 바지는 엉망진창이었어요. 여기 땅은 진흙이 많아서 옷에 달라붙은 흙이 잘 떨어지지 않더라고요. 그나마 겨울용 긴바지를 입고 있어서 다치지 않은 것 같아요.

"세연 조심. 베트남에 오토바이 많아."

넘어지면서 땅바닥을 짚느라 손바닥이 조금 까진 것 말고는 괜찮았어요. 외삼촌이 손수건으로 바지를 닦아 주며 위로했지만, 세연이는 갑자기 눈물이 핑 돌았어요. 여기까지 오겠다고 우긴 것은 세연이 자신인데, 괜히 온다고 했는지 조금은 후회가 되었거든요. 너무 멀리 살고 있는 엄마가 원망스럽기도 했고요.

세연이는 외삼촌과 나란히 배 타는 쪽으로 걸어갔어요. 지금부터는 배를 타고 30분쯤 가야 한대요. 배를 타고 나서도 한참을 기다려야 했어요. 배가 사람들로 가득 찰 때까지 떠나지를 않더라고요. 배 안이 사람들로 빽빽해서 더 이상 발 디딜 틈이 없어지자 배가 움직이기 시작했어요.

"세연, 여기 메콩 리버. 저기 메콩 델타. 메콩 델타에 벼농사 많아."

세연이는 메콩강 삼각주 쪽을 쳐다보았어요. 배를 타고 가는 동안 벼가 여물어 가는 논과 소들이 노니는 모습이 보였어요. 하지만 아름다운 경치도 곧 시들해졌어요. 하루 종일 비행기를 타고, 버스를 타고, 다시 배까지 탔더니 세연이는 멀미를 하는 것처럼 속이 울렁거렸어요. 엄마를 빨리 만나고 싶다는 생각뿐이었어요.

엄마와 함께 걷는 길

 배가 조금씩 속도가 느려지고, 오른쪽으로 돌더니 작은 선착장에 다다랐어요. 드디어 다 왔나 봐요. 세연이는 외삼촌의 손을 잡고 조심스럽게 배에서 내렸어요. 그때 저쪽에서 손을 흔들며 다가오는 사람이 보였어요. 아, 엄마였어요! 3년이나 보지 못했지만 세연이는 한눈에 엄마를 알아볼 수 있었어요.

"엄마!"

"세연아! 우리 세연이 왔구나!"

 엄마는 세연이를 부둥켜안고 울음을 터뜨렸어요. 엄마가 우니까 세연이도 눈물이 났어요. 엄마 품속에 안긴 세연이는 엄마가 한국말을 잊어버리지 않아서 다행이라고 생각했어요.

"세연이 많이 컸네! 어떻게 여기까지 혼자 올 생각을 했어? 오는 동안 힘들지 않았어?"

"나 그냥 놀러 온 거 아니에요. 학교 숙제하러 온 거예요. 가족 중 가장 좋아하는 사람이랑 사진 찍고 인터뷰하기. 저는 엄마를 인터뷰하러 온 기자라고요."

"하하하, 엄마가 세연이에게 대답을 잘해야겠구나!"

엄마는 세연이의 얼굴을 사랑스럽게 쓰다듬어 주었어요.

"아 참, 외할머니에게 가자. 지금 논에서 일하면서 기다리고 계실 거야."

세연이와 엄마, 외삼촌은 나란히 산길을 걸었어요. 엄마는 깁스를 해서 다리가 불편할 텐데, 세연이를 보니까 아픈 것도 잊었나 봐요. 한 발을 절뚝거리면서도 씩씩하게 걸었어요. 산길 옆에는 계단식 논이 펼쳐져 있었어요. 꽤 가파른 길이었지만 세연이는 하나도 힘들지 않았어요. 뜨겁게 내리쬐는 햇살도 뜨겁게 느껴지지가 않더라고요. 엄마랑 손을 잡고 걷고 있으니까요.

"저기 계신 분이 외할머니야."

엄마는 외할머니를 큰 소리로 불렀어요. 논에서 허리 굽혀 풀을 뽑고 있던 외할머니는 뒤를 돌아보더니 얼른 길 쪽으로 나오셨어요. 외할머니가 세연이에게 베트남어로 뭐라고 말씀하셨어요. 세연이도 아까 외삼촌에게 배운 인사를 했어요. 공손하게 머리를 숙이면서요.

"바 응오아이, 씬 다 따!"

갑자기 외할머니, 엄마, 외삼촌이 큰 소리로 웃었어요.

"세연아, 신 다 따는 감사합니다이고, 안녕하세요는 신 짜오라고 해."

"아차! 아까 분명히 연습했는데, 그새 틀리다니!"

세연이는 부끄러웠지만 뭐 상관없어요. 세연이 덕분에 다들 즐겁게 웃었잖아요.

외할머니는 쓰고 있던 삼각형 삿갓 모자를 벗어서 세연이에게 씌워 주셨어요. 외할머니가 하시는 말씀을 엄마가 해석해 주었어요.
"베트남 전통 모자 '논'이야. 외할머니가 이거 쓰고 있으래. 여긴 햇볕이 뜨거워서 금세 까맣게 탄다고. 외할머니가 세연이의 하얀 얼굴이 까맣게 되면 안 된다고 하시네. 자, 얼른 집으로 가자."

모자를 눌러쓰고 배낭을 멘 낯선 남자

외할머니 집은 마치 우리나라 초가집처럼 생겼어요. 엄마는 지붕에 얹은 것이 코코넛 잎이라고 설명해 주었어요. 외할머니는 부엌으로 들어가더니 쟁반에 그릇 몇 개를 얹어서 들고 나오셨어요. 그러면서 간식이라고 세연이 앞에 내놓으셨지요.

"어, 이거 게살 수프다! 아빠가 일하는 중국 음식점에서 파는 건데!"

"응, 맞아. 비슷하지? 게살을 찢어서 채소와 함께 끓인 수프야. 베트남에서는 '숩꾸어'라고 해."

배가 고팠던 세연이는 단숨에 한 그릇을 비웠어요. 할머니는 맛있게 먹는 세연이를 보더니 한 그릇을 더 가지고 오셨어요. 세연이는 그것마저 싹 먹어 치웠지요. 배가 부르니까 기분이 좋아졌어요.

"참, 방학 숙제부터 해야 하는데! 엄마, 저랑 사진 찍어요. 인터뷰를 시작해야겠어요."

그때 외할머니가 방에서 곱게 접은 옷을 가지고 나오셨어요. 이 옷을 입고 엄마랑 사진을 찍으라면서 말이에요. 진흙 묻은 더러운 바지를 벗을 수 있다니 정말 다행이에요. 외할머니가 주신 옷을 펼쳐 보니 베트남 전통 옷인 아오자이였어요.

세연이는 얼른 옷을 갈아입었어요. 엄마랑 똑같이 흰 아오자이를 입고, 베트남 전통 모자 논을 썼더니 영락없이 베트남 사람 같았어요. 엄마와 세연이는 서로를 바라보며 깔깔 웃었어요.

"누나, 세연, 여기 서. 외삼촌이 찍어 줄게."

세연이는 엄마와 함께 집을 배경으로 섰어요. 엄마는 세연이 쪽으로 고개를 기울이면서 세연이 어깨를 살며시 감싸 주었어요. 외삼촌은 앞으로, 뒤로 움직이면서 여러 장의 사진을 찍었고요. 그 모습을 외할머니가 행복하게 바라보셨지요. 외할머니가 "세연이가 오니까 우리 집에 웃음꽃이 피었구나!"라고 하셨대요.

한참을 그렇게 외삼촌의 요구에 맞춰서 사진을 찍고 있을 때였어요. 갑자기 검은 모자를 눌러쓰고 배낭을 멘 한 남자가 마당으로 쑥 들어왔어요. 다들 깜짝 놀라서 사진 찍기를 멈추고 그쪽을 바라보았어요.

세상에!

세연이 아빠였어요. 아빠가 여기까지 오다니!

엄마도, 외할머니도 무척 놀라서 말을 잇지 못했어요.

"아빠, 여기 웬일이세요? 아빠는 일 때문에 같이 못 온다고 했잖아요?"

"응, 그랬지. 근데 세연이가 걱정되어서 바로 다음 비행기를 타고 따라왔어. 티안, 오랜만이야. 그동안 잘 지냈어?"

아빠는 엄마를 바라보면서 수줍은 듯 인사를 건넸어요. 엄마도 싫지 않은지 웃음을 지으며 대답했고요. 세연이는 생각했어요. 어쩌면 베트남에서 아주 오랜만에 가장 완벽한 가족사진을 찍을 수 있을지도 모르겠다고요.

여기서 잠깐!
베트남 알아보기

남북으로 긴 모양의 베트남

베트남은 인도차이나반도 동쪽을 길게 감싸는 모양으로, 중국, 라오스, 캄보디아와 국경을 접하고 있다. 국토의 넓이는 약 331,210제곱킬로미터로 우리나라의 약 세 배 정도이다. 남북의 길이는 약 1,640킬로미터에 이르는데, 길게 뻗은 국토의 4분의 3이 산이다. 반면 동서의 길이는 제일 긴 곳이 약 520킬로미터, 제일 짧은 곳은 약 54킬로미터밖에 되지 않을 정도로 그 폭이 좁다. 이처럼 길쭉한 모양새 때문에 베트남 땅을 용의 모습에 비유하기도 한다. 베트남은 지형과 기후 조건에 따라서 송꼬이강이 흐르는 북부, 산악 지역으로 이루어진 중부, 메콩강이 흐르는 남부 지역으로 나눈다.

송꼬이강이 흐르는 북부

여름과 겨울이 뚜렷한 아열대성 기후를 가진 북부에는 중국과 베트남을 분리하는 높은 산맥들이 있다. 중국에서 시작하는 송꼬이강은 베트남 북부 지역으로 흘러들어서 농사 지을 때 필요한 물을 대 주고 있으며, 덕분에 송꼬이강 주변은 기름진 평야가 발달했다. 베트남 북부 지방의 대표적인 도시는 수도 하노이이다. 하노이는 1009년 리(李) 왕조의 수도가 된 뒤, 1945년 베트남이 남과 북으로 나누어졌을 때는 베트남 민주 공화국(북 베트남)의 수도였다가, 1976년 남과 북이 베트남 사회주의 공화국으로 통일을 하면서 베트남 전체의 수도가 되었다. 프랑스가 베트남을 지배했던 시절에는 라오스와 캄보디아를 관리하던 총독이 하노이에 머물기도 했다.

관광지로 유명한 하롱베이도 베트남 북부에 있어.

커다란 산맥이 있는 중부

베트남의 남쪽과 북쪽을 잇는 중부 지방에는 안남산맥이 있다. 이곳은 지형이 험난하고 평지가 많지 않아서 인구가 적은 편이다. 화산이 폭발하며 만들어진 이 지역에서는 커피와 홍차가 많이 난다. 과거 프랑스 사람들이 커피 재배를 위해서 이곳 땅을 개발했기 때문이다. 오늘날에도 이 지역에서 생산한 베트남 커피가 세계로 수출되고 있다.

메콩강이 만든 거대한 곡식 창고 남부

베트남 남부를 흐르는 메콩강 주변에는 거대한 삼각주가 만들어져 있다. 삼각주는 강이나 호수 아래쪽에 흙이 쌓여서 만들어진 기름진 땅을 말한다. 메콩강은 중국, 미얀마, 라오스, 태국, 캄보디아를 거쳐서 베트남 남부 지역을 통해 남중국해로 빠져나가는데, 이 메콩강이 땅을 촉촉하게 적셔 주기 때문에 농사짓기에 무척 좋은 환경이다. 게다가 베트남 남부는 1년 내내 더운 열대 기후에 속하기 때문에 농산물이 잘 자란다. 비옥한 메콩강 삼각주에는 베트남의 많은 인구가 모여 살면서 베트남 전체 농작물의 60퍼센트, 쌀 수출량의 80퍼센트 이상을 생산하고 있다. 남부 지방의 대표적인 도시 호찌민은 베트남에서 가장 큰 도시이자 경제와 상업의 중심지이다.

베트남의 역사가 서려 있는 음식들

쌀국수

베트남은 쌀이 많이 나다 보니 자연히 쌀로 만든 음식들이 발달했는데, 가장 유명한 음식은 쌀국수이다. 보통 '퍼'라고 부르는 쌀국수는 쌀을 갈아서 만든 국수를 소고기나 닭고기 육수에 넣어 먹는다. 쌀국수가 세계적으로 유명해진 것은 베트남 전쟁 때문이다. 전쟁을 피해 미국, 캐나다 등으로 건너간 베트남 사람들이 쌀국수를 퍼뜨리면서 서양 사람들에게 큰 인기를 끌었다.

반짱

라이스 페이퍼라고 부르기도 하는 반짱은 쌀을 갈아 둥근 보름달처럼 빚어서 말린다. 먹을 때에는 물에 불린 뒤 채소나 고기를 싸 먹는다. 이걸 튀기면 네모난 튀김 만두 '짜조'가 된다. 반짱은 베트남 전쟁 때 무척 요긴한 음식이었다. 바짝 말린 음식이라 베트남의 더운 날씨에도 잘 상하지 않고, 가지고 다니기도 편했기 때문이다.

반미

베트남식 샌드위치 반미에는 프랑스의 식민지였던 베트남의 아픈 역사가 담겨 있다. 베트남이 프랑스의 식민지였던 시기에 프랑스 사람들의 주식인 바게트가 베트남에 처음 들어왔다. 이 바게트를 반으로 갈라 돼지고기, 새우, 햄, 오이, 당근, 고수, 간장 등 베트남식 재료를 넣어서 먹기 시작하며 생긴 샌드위치가 반미이다. 프랑스식 빵과 베트남식 재료와 소스가 무척 잘 어울리는 반미는 베트남을 대표하는 길거리 음식이 되었다.

베트남의 독립 영웅 호찌민

베트남은 1859년 프랑스군의 침입을 받고 그 결과 프랑스의 지배 아래에 놓이게 되었는데, 호찌민은 베트남 독립 운동과 통일을 위해 평생을 바친 민족 지도자로, 베트남 사람들이 가장 존경하는 위인이다. 프랑스의 지배를 벗어나고, 베트남이 통일을 이룰 수 있었던 것은 호찌민의 노력 덕분이었다. 베트남을 마음대로 움직이고 싶어 하던 미국과 전쟁을 벌였을 때도 호찌민은 지도자로서 큰 역할을 했다. 베트남에서 제일 큰 도시 호찌민도 호찌민을 존경하는 마음을 표현하기 위해서 '호찌민'으로 이름을 바꾼 것이다.

©dronepicr from Wikimedia

도시 호찌민의 원래 이름은 '사이공'이었어.

태국

더운 여름은 이제 싫어!

토요일 이른 아침 우창이는 엄마가 깨우는 소리에 잠을 깼어요.

"우창이 너 어젯밤에 또 게임하다가 늦게 잤지? 자꾸 약속 안 지킬 거야? 한 번만 더 그러면 한 달 동안 게임 금지야!"

"엄마는 아침부터 또 잔소리!"

"어서 일어나서 엄마 좀 도와줘. 오늘 한국에서 손님들이 오실 거야. 엄마 연구를 후원해 주는 불교 단체 분들이야. 불교 사원에서 그분들과 스님의 만남이 있어. 태국의 불교와 한국의 불교가 함께 하는 행사를 준비 중이거든. 그런데 손님들 중에 아이들이 두 명 있어. 손님들이 미팅을 할 때 우창이 네가 그 아이들하고 같이 있어 줘. 엄마는 사원 안으로 들어가서 통역을 해야 하거든."

"네? 토요일을 꼬맹이들이나 돌보면서 보내라고요? 싫어요. 안 그래도 더운데. 사원 밖 뙤약볕에 있기 싫어요. 가만히 있어도 땀이 줄줄 흐르는 날씨에 사원을 뭐 하러 가요. 그냥 집에서 에어컨 빵빵하게 켜고 있을래요."

우창이가 엄마를 따라서 방콕에 온 지도 벌써 2년이 넘었어요. 방콕은 태국의 수도이자, 태국 중부 지방에 있는 도시예요. 중부 지방은 태국 제일의 곡창 지대이자 경제의 중심지라서 인구가 가장 많이 살고 있지요. 우창이 엄마는 방콕에서 불교를 연구해요. 태국의 불교에 관한 논문을 써야 한대요. 우창이 아빠도 방콕에 같이 와 있는데, 지금은 일 때문에 태국 북부 치앙마이에 가셨어요. 태국 북부 지방은 높은 산, 폭포, 동굴이 많아요. 깊은 산속에는 여러 소수 민족들이 전통을 지키며 살고 있대요.

우창이는 1년 내내 더운 방콕 날씨가 싫었어요. 여긴 여름, 더운 여름, 아주 더운 여름이 있는 나라예요. 우창이는 한국의 추운 겨울이 무척 그리웠어요. 스키도 타고 싶고, 하얀 눈도 보고 싶어요. 추위 속에서 호호 불면서 붕어빵이랑 어묵을 먹으면 얼마나 맛있을까요?

"너 집에 혼자 있으면서 계속 게임하려고 그러지? 안 돼! 오늘 중요한 회의를 하는데, 아이들이 아직 어려서 방해될까 봐 그래. 대신 오늘 엄마 도와주면 우창이 소원 하나 들어줄게."

"정말요? 그럼 저 이번 겨울 방학에 서울 할머니 댁에 가게 해 주세요. 네?"

한국에서 추운 겨울 보내기가 진짜로 우창이가 간절히 바라는 소원이었어요. 할머니 댁에 가면 맛있는 것도 먹을 수 있고, 공부도 안 해도 되고, 엄마 잔소리도 피할 수 있으니 얼마나 좋아요. 게다가 마음껏 게임까지 할 수 있는 꿈 같은 시간일 거예요.

"방학 내내? 한 달이나? 좋아! 대신 오늘 덥다고 짜증 내거나 동생들 잘 돌보지 못하면 한국 가는 거 취소할 수도 있어. 알았지?"

우창이는 엄마와 새끼손가락을 걸고 도장까지 찍었어요. 오늘 하루 아이들을 잘 돌보겠다고 다짐을 하면서요. 우창이는 신나서 세수를 하고 얼른 옷을 갈아입었어요. 더위를 견딜 모자랑 물도 가방에 챙겨 넣었어요.

태권도랑 무아이타이랑 싸우면 누가 이겨?

호텔 로비에서 만난 사람들은 여자 어른 세 명과 어린이 두 명, 모두 다섯 명이었어요. 그중 회장이라는 분이 엄마를 보고는 환하게 웃었어요.

"김 연구원님! 오랜만이에요. 잘 지냈어요? 진흥사 여성 신도회장, 기억하시지요? 저는 태국에 처음 왔는데, 서울에서 방콕까지 비행기로 여섯 시간이나 걸리더라고요. 그나저나 방콕은 진짜 덥네요."

회장 아주머니는 그렇게 말하고는 두 손바닥을 맞붙여 가슴과 이마 사이에 대고 공손하게 머리를 숙이는 태국 전통식 '와이' 인사를 했어요.

"어머, 태국식 인사를 벌써 배우셨네요? 태국에서는 부모나 웃어른, 혹은 예절을 지킬 때 와이 인사를 하지요. 사와디 카, 안녕하세요?"

엄마도 웃으면서 와이 인사로 대답했어요.

"어머, 네가 우창이구나? 오늘 우리 아이들 돌봐 줄 도우미 맞지? 잘 부탁

한다. 큰 녀석이 장난이 좀 심하거든. 우리는 내일 푸껫섬으로 갈 거야. 태국 남부는 깨끗한 바다와 아름다운 섬들이 많아서 전 세계 관광객들이 찾아온다며? 그래서 우리도 방콕에서의 일정이 끝나면 남쪽 휴양지 푸껫섬에서 신나게 놀 계획이야. 그러니 오늘 하루만 잘 도와줘."

우창이는 아주머니에게 와이 인사를 하면서 옆에 있는 꼬맹이들을 흘깃 쳐다보았어요. 일곱 살 남자아이는 강민이, 다섯 살 여자아이는 해민이래요.

손님들은 엄마가 이끄는 대로 주차장으로 나와서 미니버스를 탔어요. 맨 뒷자리에 우창이와 강민이, 해민이가 나란히 앉았어요. 강민이 녀석은 역시나 만만치 않더군요.

"형, 무아이타이 알아? 태권도랑 무아이타이랑 싸우면 누가 이겨?"

"네가 무아이타이가 뭔지 알아?"

"당연하지. 텔레비전에서 봤어. 태국 사람들이 하는 무술이야. 우리 아빠가 무아이타이 진짜 좋아해. 이렇게 하는 거잖아."

강민이는 차가 움직이는데 일어서서 손과 발을 움직여 무아이타이 흉내를 냈어요. 무릎으로 공격하는 자세까지 보이면서요. 그러다가 중심을 제대로 잡지 못해 휘청거리면서 넘어질 뻔했어요. 그 순간 우창이가 강민이를 잡아서 의자에 앉혔어요. 차에서 더 이상 움직이지 못하도록 안전띠도 꽉 채워 주었지요.

사이다 사 줘! 로띠도 먹고 싶어!

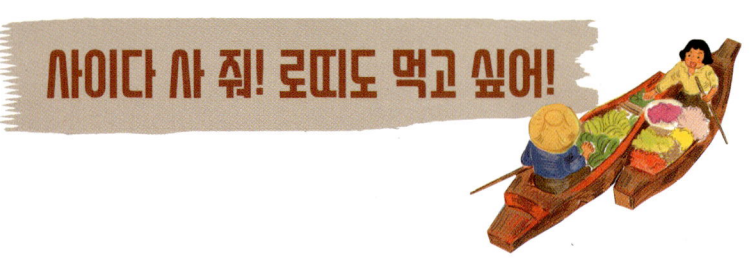

"자, 여기에서 내려서 수상 버스를 탈 거예요. 이 강은 방콕을 가로지르는 차오프라야강입니다. 차오프라야강은 태국의 대표적인 강 중 하나예요. 이 강 주변에는 넓은 삼각주가 있고, 물이 풍부해서 벼농사를 많이 지어요. 태국이 세계 3대 쌀 수출국 중 하나인 것은 아시지요? 방콕은 차오프라야강을 끼고 있는 항구 도시예요. 자, 조심조심 타세요."

엄마의 설명을 들은 손님들은 강 주변의 수상 가옥과 수상 시장의 사진을 찍었어요. 우창이는 강민이 손을 꼭 잡고 배에 올랐어요. 해민이는 엄마인 회장님이 안고 탔고요.

배는 어느덧 강변에 자리 잡은 불교 사원에 도착했어요.

"우창아, 엄마는 이분들과 사원 안으로 들어가서 예불을 드리고, 스님들하고 이야기를 나눌 거야. 한 시간 정도 걸릴 것 같아. 너는 동생들하고 저쪽

그늘에서 놀면서 기다리고 있어."

우창이는 강민이와 해민이를 데리고 그늘 쪽으로 걸어갔어요. 강민이는 넓은 마당을 보니까 좋아서 팔짝팔짝 뛰어다녔어요.

"안 돼! 강민이 너 이리 와. 여기는 사원이라서 떠들거나 뛰면 안 된다고!"

우창이가 강민이를 잡으러 쫓아가니까 강민이는 도망을 가면서 사원 마당을 뱅뱅 돌았어요. 조금 뒤에는 해민이까지 까르르 웃으면서 강민이를 따라 뛰었어요. 우리가 지금 술래잡기라도 하는 줄 아는가 봐요.

쿵!

"아야!"

결국 해민이가 넘어지고 말았어요. 해민이는 곧바로 울음을 터뜨렸어요. 우창이가 해민이를 일으켜 세웠어요. 무릎이 까져서 피가 나더라고요. 그걸 본 강민이도 조금 놀랐는지 뛰는 것을 멈추었어요.

"형이 뛰지 말라고 했지? 강민이 너 때문에 해민이가 다친 거야. 알아?"

강민이는 뾰로통해져서 우창이에게 말했어요.

"형, 나 목말라."

한참을 뛴 강민이 옷은 땀으로 젖어 있었어요. 요즘 방콕 한낮 기온이 34도까지 오르고 습도는 최고 85퍼센트예요. 더운 데다가 눅눅해서 마치 찜통에 들어앉은 느낌이라니까요. 이런 날씨에 그렇게 뛰어 댔으니 물속에 들어갔다 나온 것처럼 옷이 젖을 수밖에요. 우창이는 가방에 있던 물을 꺼내서 강민이에게 주었어요.

"싫어. 물 말고 사이다 마시고 싶어."

"여기는 사원이라 그런 거 파는 데 없어."

"아니야, 저쪽에 있어."

강민이 녀석은 아까 들어올 때 선착장 주변에서 본 수상 가게들을 가리켰어요. 방콕은 차오프라야강에서 뻗어 나온 작은 물줄기와 그 물줄기를 잇는 운하가 발달했어요. 그래서 강 위를 다니는 수상 버스나 택시가 많아요. 어떤 때에는 강에 배가 너무 많아서 길이 막히기도 해요. 그럴 때에는 경찰이 나와서 배들의 교통을 정리한다니까요. 차오프라야강에는 꽃, 과일, 쌀국수 등을 파는 수많은 가게들이 모여서 커다란 수상 시장을 이루고 있어요.

사이다를 사 달라는 강민이의 말에 우창이는 어이가 없었어요. 하지만 곧 생각을 바꾸었어요.

'어차피 엄마를 한 시간이나 기다려야 하니까 천천히 걸어서 다녀오지 뭐. 여기 있으면 강민이 녀석 또 말썽만 피울 거야!'

우창이는 강민이와 해민이 손을 잡았어요. 수상 시장으로 가려고요. 그랬더니 이번에는 해민이가 칭얼거리는 거예요.

"오빠, 나 다리 다쳐서 못 걸어. 업어 줘."

우창이는 두 녀석의 머리를 콕 쥐어박고 싶었지만 꾹 참았어요. 이번 겨울방학을 할머니 댁에서 보내려면 아이들을 잘 돌봐야 한다는 약속을 잊지 않았으니까요. 우창이는 해민이를 업고 강민이와 함께 걸었어요.

'조그만 게 왜 이렇게 무거워?'

해민이를 업고 가는 우창이가 땀을 뻘뻘 흘렸어요.

아까 배에서 내렸던 선착장 쪽 수상 시장에는 먹을 것과 기념품을 파는 가게들이 줄지어 있어요. 우창이는 그중 한 곳에서 사이다 세 캔을 사서 강민이와 해민이에게 하나씩 나누어 주었지요. 우창이가 마시려고 산 사이다는 따지 않고 그대로 가방에 넣었어요. 지금은 그냥 물을 마시고, 나중에 더 목마르면 마시려고요.

"오빠, 나 저것도 먹고 싶어."

사이다를 먹던 해민이가 가리키는 곳은 '로띠'를 파는 가게였어요. 밀가루 반죽을 버터에 구워서 계란과 바나나를 넣고, 그 위에 초콜릿 크림을 듬뿍 뿌려 주는 로띠는 태국 길거리 음식이에요. 고소한 버터와 달콤한 바나나, 초콜릿이 어우러져서 얼마나 맛있는지 몰라요.

"안 돼. 오빠 돈 없어. 너희들 사이다 사 주느라고 오빠 돈 다 썼어."

그러자 강민이까지 나서서 로띠를 먹고 싶다고 조르는 거예요.

'진짜 못 말리는 녀석들이네! 애들 때문에 내 아까운 용돈을 써야 하다니! 얼른 한 시간이 지났으면 좋겠어.'

우창이는 가방 안에 있는 돈을 세어 보았어요. 로띠 한 개가 30바트, 강민이가 가진 돈은 45바트이니까 한 개는 살 수 있겠네요.

"한 개 사 줄 테니까 그걸로 나눠 먹는 거야. 더 사 달라고 하기 없다."

우창이는 로띠를 사 와서 강민이와 해민이 앞에 놓아 주었어요. 우창이가 손댈 틈도 없이 두 녀석은 맛있다면서 허겁지겁 먹더라고요. 어느새 로띠는 두 녀석들 입으로 다 들어가 버리고 빈 접시만 남았어요.

'조그만 녀석들이 많이도 먹네! 나는 이제 로띠 안 먹어. 곧 서울 가서 붕어빵, 떡볶이, 닭강정, 어묵 먹을 거라고!'

사라진 신발 한 짝

그때 우창이 머리 위로 비 한 방울이 툭 떨어졌어요. 그러더니 곧 우두둑 굵은 비로 변해서 마구 쏟아져 내렸어요.

"으악, 비가 시작되었다. 애들아 빨리 뛰자. 지금 태국은 우기라서 비가 내리기 시작한 거야. 이렇게 비가 내리면 금세 물이 차서 길을 걸어 다닐 수 없어. 물이 더 차오르기 전에 엄마랑 약속한 곳으로 돌아가야 해."

태국은 5~10월까지 비가 많이 오는 우기예요. 특히 8~9월은 비가 집중적으로 내려요. 아마 한국의 장마 때 내리는 비의 두세 배는 될 걸요? 방콕은 비가 내릴 때마다 거리에 물이 차요. 산이 없고 땅이 평평해서 빗물이 강으로 잘 흘러 내려가지 못하기 때문이래요. 게다가 차오프라야강 물은 아주 천천히 흐르기 때문에 빗물을 실어 나르는 속도가 느려요. 그래서 방콕은 도시가 물에 잠기는 일이 자주 일어나요.

우창이는 다리가 아픈 해민이를 등에 업고, 강민이를 살피면서 빗속을 달렸어요. 비는 점점 거세졌어요. 정신없이 뛰어가는데, 해민이가 하는 말에 우창이는 급히 발길을 멈추었어요.

"오빠, 나 신발! 신발이 없어졌어."

등에 업혀 있는 해민이 발을 보니 정말 한쪽 신발이 벗겨져 있더라고요. 달리면서 어딘가에 떨어트렸나 봐요. 우창이는 강민이와 해민이를 데리고 가까운 집의 처마 밑으로 들어갔어요. 일단 비를 피하려고요. 해민이를 업고 뛰느라 너무 힘들어서 잠시 쉬고 싶기도 했고요.

비가 계속되면서 땅바닥에는 어느새 흥건하게 물이 고였어요. 강민이와 해민이의 옷이랑 신발이 푹 젖었어요.

"방콕에는 홍수가 자주 나서 태국 사람들은 이 정도 물에는 놀라지도 않아. 그런데 해민아, 신발 어디에서 잃어버렸어?"

"저기, 저기였어. 오빠가 달릴 때 바람이 와서 내 신발 가져갔어."

'아휴, 저 꼬맹이한테 물어보나 마나지! 신발을 찾으려면 왔던 길을 되돌아가야 하는데, 어디에 가서 찾지? 비가 그치고 물이 좀 빠져야 찾을 수 있을 텐데…….'

우창이는 막막했어요. 이 빗속에 어떻게 해민이를 업고 사원 앞까지 갈지 말이에요. 신발도 찾으러 가야 하는데, 하늘에서는 구멍이 뚫린 것처럼 비가 쏟아지고 있었어요.

"해민아, 오빠 힘들어. 그러니까 여기에서부터는 걸어가자."

"안 돼! 해민이 다리 아파. 신발도 없잖아."

차오프라야강이 보내 준 선물

처마 밑에서 우창이와 해민이가 실랑이를 하고 있던 그때였어요. 굵은 비 때문에 어둑해진 길을 헤치며 거무스름한 것이 우창이 쪽으로 다가왔어요. 아주 느릿느릿하게요. 자세히 보니 스님이었어요. 그런데 세상에! 스님 뒤에 아기 코끼리가 따라오고 있지 뭐예요.

강민이와 해민이는 우창이보다 훨씬 놀랐어요. 코끼리를 본 강민이는 아예 물속을 첨벙첨벙 걸어서 코끼리 곁으로 갔어요. 해민이도 제자리에서 방방 뛰면서 "코끼리! 아기 코끼리!"라고 소리를 질렀어요.

우창이는 아기 코끼리를 데리고 오던 스님에게 손을 모으고 인사를 했어요.

'엄마가 스님을 보면 인사를 하고 음식을 드리는 거라고 하셨어. 스님에게 정성스럽게 음식을 드리는 것이 태국 불교의 전통이라면서. 이걸 탁발 공양이라고 하던가?'

우창이는 가방 속에 사이다가 있는 것이 생각났어요. 사이다를 꺼내서 두 손으로 스님에게 드렸어요. 스님은 잠시 멈칫하더니 슬며시 웃으며 사이다를 받으셨지요. 그 사이, 강민이 녀석은 아기 코끼리를 쓰다듬으며 좋아서 어쩔 줄을 몰랐어요. 스님이 말씀하셨어요.

"비 때문에 갈 길이 막히셨습니까?"

"네. 아이들과 저기 사원까지 가야 하는데, 땅이 물에 잠겨서 비가 그치기를 기다리고 있었어요."

"그럼 아이들을 코끼리에 태우시지요. 제가 사원까지 모셔다 드리겠습니다."

우창이는 스님의 제안에 깜짝 놀랐어요. 이게 꿈이 아닐까 생각도 했지요. 해민이를 업고 가지 않아도 되는 것에 무척 고마웠어요.

"강민아, 해민아, 스님이 코끼리에 태워 주신대. 탈래?"

당연히 강민이와 해민이는 그러겠다고 했어요. 스님은 아이들을 번쩍 안아서 코끼리에 올려 주셨어요.

"저 위쪽 사원에서 키우던 코끼리가 너무 자라서 차오프라야강 아래쪽 넓은 마을로 보내려고 배를 타러 가던 중이었습니다. 태국의 젖줄이라고 할 수 있는 차오프라야강 주변에서 이렇게 만난 걸 보니 부처님이 보내신 인연인가 봅니다. 태국에서는 코끼리를 신성하게 여기지요. 꿈에 흰 코끼리를 보면 행운이 찾아온다는 말이 있답니다. 지도를 보면 태국 땅이 코끼리 얼굴 모양처럼 생기지 않았습니까?"

스님이 친절하게 설명을 해 주셨어요. 우창이는 스님이 태국어로 하시는 말씀을 강민이와 해민이에게 한국어로 통역해 주었어요. 하지만 이 녀석들은 스님 말씀에는 전혀 관심이 없고, 그저 아기 코끼리를 타고 있는 것에 신나서 어쩔 줄을 몰랐어요. 해민이는 여전히 신발을 한쪽만 신은 채였지요.

'아 참, 해민이 신발 어쩌지? 에이 모르겠다. 그냥 모른 척 해야지. 나랑 무슨 상관이야!'

스님과 아기 코끼리 덕분에 강민이와 해민이는 안전하게 사원 앞에 다다를 수 있었어요. 아기 코끼리와 함께 걷는 동안 비는 조금씩 잦아들고 있었어요.

"스님, 감사합니다. 여기에서 엄마를 기다리면 됩니다."

"별말씀을요. 친절을 베푼 분에게 대갚음할 수 있어서 다행입니다. 사이다 고맙습니다. 잘 마시겠습니다. 허허."

스님은 코끼리와 함께 왔던 길로 다시 돌아가셨어요.

조금 뒤, 일을 끝낸 엄마와 손님들이 이야기를 나누며 내려오셨어요.

"주지 스님의 설명을 들으니 방콕은 작은 어촌이었는데, 차오프라야강 주변에 있다는 이점 때문에 수도가 된 거네요. 그 뒤로 동남아시아 해상 무역의 중심지가 되었고요. 차오프라야강을 따라서 방콕에만 불교 사원이 수백 개나 있다니, 놀라워요!"

"차오프라야강은 태국의 젖줄이라고 할 수 있어요. 이 강 덕분에 태국의 농업이 발달했거든요. 태국의 큰 도시들은 대부분 차오프라야강 주변에 있답니다. 어머, 애들 저기에 있네요. 우창아, 아이들 보느라 수고했다. 별일 없었지?"

"네. 그게……."

우창이는 제대로 대답을 하지 못하고 해민이의 발을 가리켰어요. 조금 전에 있었던 일을 들은 엄마는 우창이를 혼내듯 눈을 부릅뜨면서 나지막하게 말씀하셨어요.

"너는 한 시간만 동생들 돌보라고 했더니, 애 무릎을 다치게 하고, 신발까지 잃어버려? 겨울에 서울 할머니 댁이고 뭐고, 엄마랑 집에 가서 다시 이야기하자."

엄마는 우창이가 얼마나 힘들었는지는 들어 볼 생각도 하지 않았어요. 그러고는 바로 해민이 엄마에게 사과를 하더라고요.

"죄송해요. 우창이가 애들을 돌보다가 해민이 신발을 잃어버린 모양이네요. 지금 수상 버스를 타고 식사 장소로 갈 건데, 그 옆에 시장이 있어요. 거기에서 신발을 살 수 있을 거예요."

엄마는 손님들을 데리고 수상 버스에 올라탔어요. 배가 차오프라야강 물을 가르며 천천히 움직이기 시작했어요. 엄마 때문에 기분이 상한 우창이는 배 한 귀퉁이에 걸터앉아서 오른손을 강물에 담갔어요.

그런데 바로 그때, 배 옆으로 분홍색 신발 한 짝이 둥둥 떠내려오고 있지 뭐예요! 아까 잃어버린 해민이의 신발이 분명했어요. 우창이는 팔을 길게 뻗어서 신발을 건져 냈어요. 놀란 우창이는 신발을 들고 주변을 두리번거렸어요. 저 멀리 차오프라야강 위쪽에서 아까 만났던 아기 코끼리가 우창이를 보면서 환하게 웃고 있더라고요.

여기서 잠깐!
태국 알아보기

북부는 험준한 산악 지대, 남부는 아름다운 해변이 발달한 나라

태국의 정식 이름은 자유의 나라라는 뜻의 '타이' 왕국이다. 동남아시아 인도차이나반도에 있는데, 북서쪽으로는 미얀마, 북동쪽으로는 라오스, 동쪽으로는 캄보디아와 국경을 맞대고 있다. 국토는 우리나라의 약 다섯 배 정도 크다.

북부 : 가장 높은 인타논산이 있는 북부는 험준한 산맥이 많아서 농사짓기 어려운 땅이다. 대신 열대 우림이 발달하여 고급 목재가 생산되고 있다. 북부 지방의 대표적인 도시로는 치앙마이가 있다.

북동부 : 국토의 3분의 1을 차지하는 북동부는 강수량이 적어서 주로 밭농사를 짓는다. 메콩강을 경계로 라오스와 국경을 맞대고 있다.

중부 : 태국에서 가장 긴 차오프라야강과 강 하류의 삼각주를 중심으로 벼농사를 짓는다. 태국에서 제일 큰 곡창 지대이자 경제의 중심지이기도 하다. 대표적인 도시로 방콕이 있고, 이 지역에 많은 인구가 모여 살고 있다.

남부 : 아름다운 해변이 있어서 관광객들의 발길이 끊이지 않는다. 끄라비, 푸껫섬, 사무이섬 등의 휴양지가 특히 유명하다.

태국의 젖줄 차오프라야강

태국 사람들에게 차오프라야강은 생명의 젖줄이다. 치앙마이, 난, 차이낫, 아유타야, 방콕 등 태국의 도시들은 대부분 차오프라야강 주변에 발달했다. 차오프라야강이 만든 삼각주가 있는 중부 지방은 태국에서 가장 중요한 쌀 생산지이다. 이 지역은 무덥고 물이 풍부해 1년에 두 번씩 쌀농사를 짓는 이모작이 가능하다. 그렇기 때문에 태국은 세계에서 쌀을 가장 많이 수출하는 나라 중 하나이다. 태국의 수도이자 중부 지방의 중심지 방콕은 원래 작은 어촌이었다. 하지만 차오프라야강 하구에 위치해서 강을 따라 쌀을 배로 실어 나르기 편리하다는 이점 때문에 1782년 수도가 되었다. 이후 방콕은 동남아시아 해상 무역의 중심지로 성장했다.

차오프라야강을 태국 사람들은 '어머니의 강'이라고 부른대.

운하를 이용한 뱃길

방콕을 비롯한 태국 중부 지방의 일부는 지대가 낮기 때문에 강에 접근하기가 쉬웠다. 그리고 잔잔한 물길은 배를 타고 다니기 좋아서 태국은 배로 이동하는 운하가 발달했고, 배를 이용한 교통수단이 무척 발달했다. 그러자 방콕 사람들은 운하 주변에 집을 짓고 살기 시작했고, 사람들이 많이 모이는 시장도 물 위에 생겼다. 방콕의 수상 시장에서는 꽃, 과일, 생선, 옷, 모자, 기념품까지 없는 게 없다. 수상 시장은 대개 새벽부터 시작해서 오전 중에 끝난다. 정오가 넘으면 햇볕이 너무 뜨거워서 돌아다니기 어렵기 때문이다.

지붕이 뾰족해서 시원한 태국 전통 집

태국 사람들은 땅에 기둥을 세우고 높이 1~2미터 위에 단단한 나무집을 짓는다. 높은 곳에 집을 짓는 이유는 비가 많이 내려도 물에 잠기지 않도록 하기 위해서이다. 태국의 전통 집은 지붕을 뾰족하게 세우는 것이 특징이다. 이는 비가 많이 와도 지붕에 빗물이 고이지 않게 하려는 지혜이다. 또 지붕을 뾰족하게 만들면 지붕과 천장 사이에 공간이 생겨서 바람이 잘 통해서 시원하다. 또한 태국에는 강바닥에 기둥을 박고 강 위에 지은 수상 가옥이 많은데, 태국은 1년 내내 무덥기 때문에 물 위에 집을 지어서 더위를 피하려는 것이다.

방콕에 홍수가 자주 나는 이유

태국은 긴 우기와 짧은 건기가 발달한 열대 몬순 기후로, 온도는 높고 습기가 많다. 연평균 기온은 28도, 방콕과 중부 지방은 여름에 40도까지 기온이 올라간다. 5~10월까지가 긴 우기이고, 특히 8~9월에는 엄청나게 많은 비가 온다. 우기 때에는 한국 장마의 두세 배가량 비가 내리는데, 방콕을 비롯한 수도권 지역은 그때마다 홍수 피해를 입는다. 이렇게 자주 물에 잠기는 이유는 중부 지방의 지형적 특징 때문이다. 방콕이 있는 태국 중부는 산이 거의 없고 땅이 평평하다. 게다가 차오프라야강은 강물이 천천히 흘러서 비가 많이 오면 물이 빠져나가지 못해서 홍수 피해를 입는 것이다. 반면 북부 지방은 산이 많기 때문에 비가 많이 와도 홍수 피해가 적다.

꿈에 흰 코끼리를 보면 행운이 온다고?

태국에서는 코끼리를 행운의 동물로 여긴다. 옛날에는 아기를 가진 여성이 코끼리 배 밑을 기어가면 아기를 쉽게 낳을 수 있다고 믿기도 했다. 또한 꿈에서 흰 코끼리를 보면 큰 행운이 찾아온다고 믿는다. 지금은 없어졌지만, 과거의 태국 국기에는 하얀 코끼리가 그려져 있었다. 태국 북부의 람팡이라는 도시에는 세계 최초의 코끼리 병원이 있다. 이곳에서는 지뢰를 밟아 다리를 잃은 코끼리를 수술해 주고 의족(발이 없는 사람이나 동물에게 나무, 고무, 금속으로 만들어 붙이는 발)을 끼워 준다. 또 눈이 안 보이거나 병을 앓는 코끼리를 이곳에 데려와서 정성스럽게 보살펴 주고 있다.

큰 경제 발전의 주축이 된 관광 산업

태국은 인구의 약 40퍼센트가 농사를 짓는다. 가장 많이 나는 것은 쌀이며, 그 밖에 옥수수, 설탕, 목화 농사를 지어서 해외에 수출도 한다. 하지만 태국에서 농업 수출보다 더 많은 돈을 벌어들이는 산업은 관광이다. 태국은 일찍부터 관광 산업에 눈을 뜨고, 관광객들이 편리하게 이용할 수 있는 휴양 시설과 놀이 시설을 지었다. 관광 산업이 발달하면서 태국은 큰 경제 성장을 이루었다.

인구의 95퍼센트가 불교를 믿는 나라

태국은 타이족이 약 75퍼센트, 화교가 약 14퍼센트, 기타 민족이 약 11퍼센트를 차지하는데, 인구의 약 95퍼센트가 불교를 믿을 정도로 불교의 영향력이 크다. 태국에 불교가 퍼진 것은 1230년 무렵이다. 그 전까지 태국은 여러 왕국으로 나뉘어 있었는데, 그즈음 차오프라야강 중부의 수코타이 왕국이 태국 최초로 통일 왕국을 이루었다. 지금의 미얀마, 라오스까지 영토를 넓히며 전성기를 이끌던 제3대 람캄행 왕은 어떻게 하면 나라를 잘 다스릴지 고민하다가 불교로 국민들의 마음을 모았다. 그때부터 오늘날까지 태국은 인구의 대부분이 불교를 믿는 나라가 되었다.

불교 사원은 학교이자 병원, 마을 회관

태국은 어디를 가도 화려한 불교 사원과 웅장한 탑을 볼 수 있을 정도이다. 태국 대부분의 불교 사원은 지붕이 뾰족하고 금으로 화려하게 장식되어 있다. 마을마다 있는 불교 사원은 단순히 종교만을 위한 공간이 아니다. 사원 안에 학교, 병원, 마을 회관이 있어서 마을 사람들을 교육하고 돌보는 역할까지 한다.

태국에서 승려는 정신적 지도자이자 스승으로 존경을 받는다. 승려들은 돈벌이를 하면 안 되기 때문에 집집마다 돌아다니며 돈이나 먹을 것을 얻는다. 태국 사람들은 아침마다 정성스럽게 만든 음식을 가지고 나가서 승려에게 드리는데, 이것을 '탁발 공양'이라고 한다. 태국 사람들은 승려를 잘 모시면 덕을 쌓아서 다음 세상에서도 행복을 누릴 수 있다고 믿는다.

태국에는 남자들이 일생에 한 번 사원에 들어가서 석 달 동안 지내는 관습이 내려오고 있다. 그래야 죄를 용서받을 수 있다고 믿기 때문이다. 의무는 아니지만 태국 사람들은 가족이나 친구가 승려 수련을 거치면 이를 무척 자랑스럽게 여긴다. 석 달의 승려 생활이 끝나면 이름 앞에 '팃'이라는 높임말을 붙여 주는데, 이는 '배우고 깨달아 인격을 갖춘 사람'이라는 뜻이다.

목이 길수록 청혼을 많이 받는 파동족

태국 북부는 험준한 산들이 많다. 치앙마이 시내에서 10킬로미터만 벗어나도 정글과 밀림, 거대한 폭포를 볼 수 있다. 태국 북부 산악 지대에는 지금도 여러 소수 민족이 전통과 풍습을 지키며 살아가고 있다. 그중에서도 파동족 여인들은 황동 고리를 목에 거는 전통을 따르는 것으로 유명하다. 파동족 여인들은 여섯 살이 되면 황동 고리를 목에 걸기 시작한다. 황동 고리를 목에 걸면 목을 좌우로 돌리기 힘들기 때문에 앞만 볼 수 있다. 이는 결혼해서 남편만 바라본다는 의미이다. 파동족은 목이 길어서 황동 고리를 많이 걸수록 미인으로 여긴다.

황동 고리를 많이 건 여인일수록 청혼을 많이 받는다고 해.

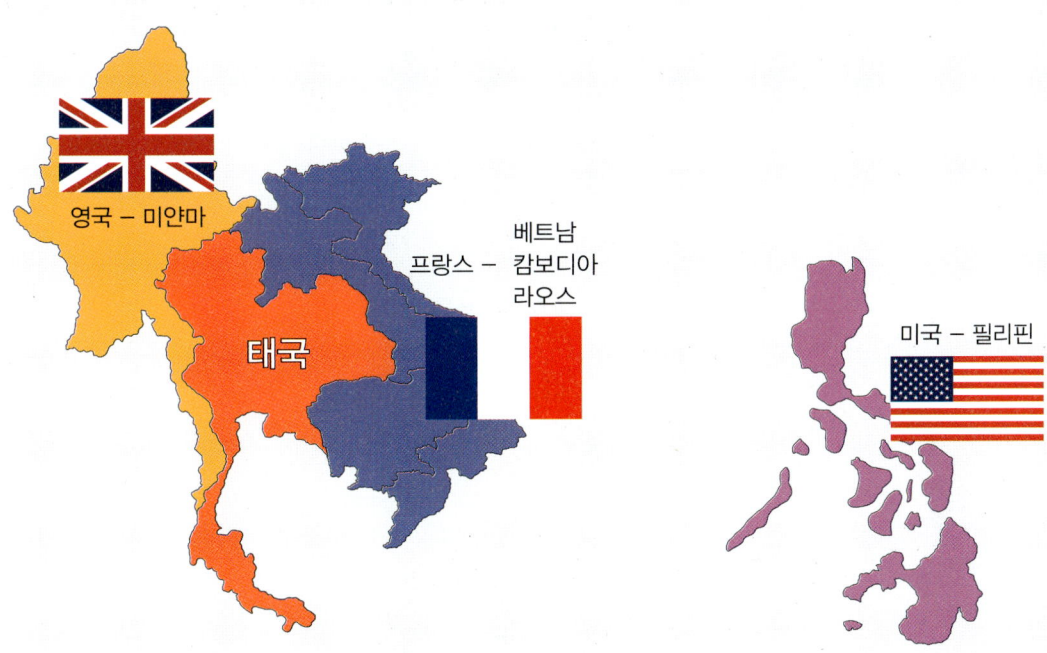

한 번도 다른 나라의 지배를 받지 않은 나라

태국은 예부터 인도와 중국 사이에 있어서 많은 상인들이 오가는 교통의 중심지였다. 그만큼 태국을 탐내는 나라들이 많았고, 전쟁도 끊이지 않았다. 한편 1819년 제국주의적 식민지화 시대가 시작되면서 영국, 프랑스, 미국 등의 나라는 식민지를 찾아서 아시아로 몰려들었다. 베트남, 캄보디아, 라오스는 프랑스의 지배를 받았고, 필리핀은 미국, 미얀마는 영국의 식민 지배를 받았다. 당시 태국을 탐내던 나라는 영국과 프랑스였다. 하지만 태국의 왕 라마 5세의 뛰어난 외교술 덕분에 끝까지 독립을 지킬 수 있었다. 라마 5세는 프랑스에게 "우리 나라를 공격하면 영국이 가만있지 않을 것이오."라고 했다. 영국에 가서는 "우리 나라를 욕심내면 프랑스와 전쟁을 치러야 할 것이오. 프랑스와 싸워 봐야 무슨 이득이 있겠소?"라고 설득했다. 전쟁이 부담스러웠던 영국과 프랑스는 태국을 그냥 두는 것이 좋겠다고 생각했다. 그 결과, 비록 태국의 땅 일부를 영국과 프랑스에 내주기는 했으나, 대신 전쟁을 막고 독립을 지킬 수 있었다.

비바람이 훑고 간 우리 집

필리핀

"레오, 비닐 반대쪽을 잡아! 넓게 펴야지. 그래, 잘했어. 이제 끈으로 단단하게 묶어야 해!"

태풍이 몰아치는 밤, 레오는 지붕 위에 올라가서 진땀을 뻘뻘 흘리고 있었어요. 엄마는 밑에서 레오가 하는 일을 지시하고 있었고요. 며칠째 계속되는 거센 비바람에 레오네 집 지붕 한쪽이 날아가 버렸거든요. 집 안으로 비가 새어서 엄마가 급히 큰 비닐을 구해 오셨어요. 레오는 비를 맞으며 지붕에 비닐을 덮었어요.

레오네 집은 필리핀 전통 집 '바하이 쿠보'예요. 기둥, 벽, 바닥을 대나무로 세우고 야자잎이나 코코넛잎으로 지붕을 덮은 집이지요. 필리핀의 더운 날씨에 지내기에는 딱 좋아요. 하지만 이렇게 태풍이 불거나 오랫동안 비가 오면 쉽게 망가져 버리지요. 그때마다 손질을 해 주어야 하는데, 집에 레오

말고는 아무도 이 일을 할 사람이 없어요.

'휴, 마닐라에 계속 살았으면 이런 일은 안 해도 되었을 텐데……. 그때는 벽돌로 지은 튼튼한 집에 살았으니까. 물론 아빠가 돌아가시기 전이기는 하지만.'

레오의 아빠는 오랫동안 병을 앓다가 3년 전에 돌아가셨어요. 아빠의 병을 치료하느라 많은 빚을 지는 바람에 아빠가 돌아가신 뒤 가족들은 뿔뿔이 흩어졌어요.

형은 돈을 벌겠다며 한국으로 갔어요. 한국은 여기에서 비행기를 타고 네 시간이나 걸리는 먼 곳이에요. 형은 한국에서 번 돈으로 아빠가 남긴 빚을 갚고 있어요. 아직도 5~6년은 더 일해야 빚을 다 갚을 수 있대요.

레오와 엄마는 마닐라에 있던 집을 정리하고 이곳 세부섬으로 이사를 왔어요. 엄마가 사탕수수 밭에서 일을 해서 번 돈으로 겨우 생활을 했지요. 하지만 몇 달 전 엄마가 허리를 다치는 바람에 일을 쉬고 있어요.

레오는 사다리를 타고 내려와서 비닐 덮은 지붕을 올려다보았어요.

'저 비닐로 며칠이나 버틸 수 있을까? 곧 우기가 닥치면 또다시 비가 샐 텐데……. 요즘 엄마가 하루 종일 집에 누워 있으니까 비가 새면 무척 불편하실 거야.'

레오가 생각에 잠긴 사이, 엄마가 한 손으로 허리를 잡고, 나머지 한 손으로 들고 있던 수건을 내밀었어요.

"레오, 이걸로 닦고 어서 옷 갈아입어라. 옷이 흠뻑 젖었구나!"

레오의 옷은 팬티까지 다 젖어 버렸어요. 비 맞은 머리에서는 물이 뚝뚝 떨어지고 있었고요.

"괜찮아요. 곧 마를 텐데요 뭘. 오늘 밤은 집에 비가 새지 않아서 그나마

꿀잠을 잘 수 있을 것 같아요!"
 레오는 걱정하는 엄마 앞에서 씩씩한 모습을 보이느라 일부러 더 크고 환하게 웃었어요.

내게는 너무나 비싼 집수리 비용

다음 날 아침, 비는 그쳤어요. 하지만 내일부터 다시 많은 비가 올 거래요. 레오는 학교 가는 길에 미카엘 아저씨 가게에 들렀어요. 미카엘 아저씨는 열쇠도 만들고, 신발도 수선하고, 간판도 고치는, 무엇이든 고쳐 주는 기술을 가졌어요.

"아저씨, 안녕하세요? 물어볼 것이 있는데요, 저희 집 지붕이 어젯밤 비바람에 무너졌어요. 지금 비닐로 덮어 놓기는 했는데, 지붕을 고칠 수 있을까요?"

"안 그래도 며칠 전에 너희 엄마에게 우기가 닥치기 전에 지붕을 고쳐야 한다고 말씀드렸는데, 돈이 없어서 못 고친다고 하시더라. 필리핀은 5월에서 11월까지 무덥고, 비가 많이 오잖니. 그냥 두었다가는 지붕 전체를 갈아야 할지도 몰라."

"그래서 비가 더 많이 오기 전에 지붕을 고치고 싶어서요."

"요즘은 필리핀 사람들도 번듯한 집을 좋아하지. 바하이 쿠보는 불편하다고 해. 너희야 어쩔 수 없이 그 집에 사는 것을 내 모르는 것은 아니다만. 지붕을 제대로 고치려면 3천 페소는 들어."

"네? 3천 페소요? 그 정도면 우리 집 한 달 생활비가 넘는 돈인데……. 그것보다 좀 싸게 하는 방법은 없을까요?"

"코코넛 나뭇잎을 촘촘하게 엮어서 지붕을 얹어야 오래가는데, 급한 부분만 공사를 하면……."

아저씨는 전자계산기를 여러 번 두드리더니 다시 말씀하셨어요.

"너희 집 딱한 사정을 아니까 재료값만 받고 해 줄게. 대신 다른 사람 쓰지 않고 아저씨가 직접 수리하고, 레오 네가 도와주면 1천 페소 정도로 할 수 있을 것 같구나."

"그러니까 지붕을 제대로 고치려면 1천 페소가 필요한 거네요. 아저씨! 제가 돈 구해서 다시 올 테니까 아직 엄마에게는 말하지 말아 주세요. 엄마는 분명 비닐로 덮고 살아도 괜찮다고 하실 거예요."

레오는 돌아서는 발길이 무거웠어요. 1천 페소라니……. 아빠가 살아 계셨으면 얼마나 좋았을까요? 아빠는 1천 페소쯤은 일해서 벌 수 있었을 거고, 직접 지붕도 고칠 수 있었을 거예요.

'형에게 돈을 보내 달라고 할까? 아니야! 형이 번 돈의 대부분으로 빚을 갚고 있는데, 돈을 더 달라고 할 수는 없어.'

학교에 가서도 레오는 내내 '1천 페소' 생각뿐이었어요. 수업 시간에 선생님 말씀도 귀에 들어오지 않았어요. 쉬는 시간에 레오는 책상에 엎드려 공책에 '1천 페소'를 반복해서 썼어요. 그것을 본 짝꿍 조슈아가 레오에게 말을 걸었어요.

"야, 인마 너 돈 필요해? 1천 페소는 뭐 하게?"
"다 쓸 데가 있어. 너는 몰라도 돼!"
조슈아의 아빠는 이 마을에서 큰 바나나 농장을 해요. 집도 얼마나 넓고 좋은지 몰라요. 조슈아는 부자이니까 지붕을 고치고 싶은 레오의 간절한 마음 따위를 알 리 없지요.

"어? 이거 왜 이래? 나 아르바이트 해서 5백 페소 벌기로 한 사람이야. 에헴!"

"5백 페소? 어떻게?"

귀가 번쩍 뜨인 레오는 공책을 치워 버리고 조슈아 옆에 바짝 붙었어요.

"내가 게임기 사 달라고 하니까 아빠가 그냥은 안 사 주신대. 대신 내가 일을 하면 그 대가로 돈을 주시기로 했어. 농장에 일하는 사람들이 며칠 못 나와서 일손이 부족하거든. 오늘하고 내일, 바나나 포장하는 거 도와주면 5백 페소 주신다고 했어. 그걸로 게임기 살 거야."

"나도 같이 가면 안 될까? 나도 일해서 돈 벌고 싶어. 나 엄마가 사탕수수 밭에서 일할 때 도운 적 있어서 잘할 수 있어."

"그래? 그럼 이틀 일하지 말고, 오늘 너랑 같이 일한다고 할까? 그럼 250 페소씩 받을 수 있겠다. 며칠 동안 일할 사람이 부족하다고 나한테 도와 달라고 하신 거니까 괜찮을 거야. 나는 혼자 하는 것보다 너랑 같이 일하면 더 좋지. 내가 아빠한테 말하면 되니까 같이 가자!"

레오는 갑자기 세상이 환하게 느껴졌어요. 1천 페소에는 한참 부족하지만 그래도 돈 벌 기회가 생겼으니까요. 이 돈으로 미카엘 아저씨에게 일을 시작해 달라고 부탁해 볼 생각이에요.

바나나 농장의 하루 일꾼

　학교를 마친 레오는 조슈아와 함께 지프니를 탔어요. 마을을 벗어나니 넓은 들판이 펼쳐졌어요. 옛날 마닐라에 살 때를 기억하면 높은 빌딩과 뿌연 공기가 생각나요. 마닐라는 필리핀에서 제일 큰 도시이고, 공업이 발달하여서 공기가 썩 좋지 않거든요. 이곳 시골 마을에 온 뒤로는 푸른 바다와 맑은 공기를 매일 누릴 수 있어서 참 좋아요. 세부섬에 수많은 관광객들이 찾아오는 이유도 아름답고 깨끗한 자연환경 때문이래요.
　"자, 내려. 여기에서부터는 걸어서 가야 해."
　레오가 내린 곳은 계단식 논이 끝없이 이어진 산등성이 아래였어요.
　"이 높은 산을 걸어가야 한다고?"
　"원래는 저쪽에 차가 다니는 입구가 있는데, 며칠 동안 비가 많이 와서 길에 커다란 물웅덩이가 생겼어. 그래서 차로 못 가. 이쪽 계단식 논을 넘어가

면 바로 우리 아빠 바나나 농장이야."

그러면서 조슈아는 뚜벅뚜벅 산을 걸어 올라갔어요. 레오도 따라 걸었어요.

"레오, 너 그거 알아? 저기 보이는 산꼭대기에 화산 분화구 있는 거? 그거 지금도 부글부글 끓고 있어서 다시 터질 수도 있어. 우리 아빠 어렸을 때도 화산이 폭발한 적 있었대."

"뭐? 그럼 엄청 위험한 거잖아."

"이런, 마닐라에서 온 촌뜨기 같으니라고! 필리핀의 7천 개가 넘는 섬 대부분은 화산이 폭발해서 생긴 거야. 그중에는 아직도 활동 중인 산도 있어. 화산이 폭발하면 많은 사람이 죽거나 집을 잃지. 하지만 시간이 많이 지나면 화산재 속 영양분이 땅을 기름지게 하고 곡식이 잘 자라게 해 주거든. 이 마을도 오래전 화산이 폭발한 뒤로 농사짓기 좋은 땅이 된 거래."

"그래? 헉헉, 화산재고 뭐고 힘들어 죽겠다. 조슈아, 도착하려면 아직도 멀었냐?"

레오는 힘들어서 말하기도 어려운데, 조슈아는 끊임없이 수다를 떨었어요. 그렇게 한참 산을 올랐다가 다시 내리막길을 타고 가니 겨우 조슈아네 썬바나나 농장에 도착했어요.

건물 안으로 들어갔더니 아주머니 두 명이 바나나를 포장하고 있었어요. 그중 한 아주머니가 조슈아에게 아는 척을 했어요.

"아이고, 오늘 일일 아르바이트생 왔구먼! 사장님이 특별히 채용하신 일꾼이래. 일꾼 한 명을 더 데리고 왔네? 깔깔."

아주머니들은 뭐가 그렇게 재미있는지 레오와 조슈아를 보면서 웃었어요. 그리고 커다란 바나나 뭉치를 레오와 조슈아 앞에 가져다 놓았어요.

"이 바나나를 비닐에 넣고, 스티커를 붙여. 그리고 이 박스에 잘 넣어야 해. 한 박스에 바나나 열두 송이가 들어가도록 넣고, 아니, 아니. 지그재그로 넣어야지. 서로 겹치지 않도록. 다 넣은 박스는 저 벽 쪽에 쌓아 놓아야 해. 절대 바나나를 상하게 하면 안 된다. 조금이라도 상처가 나면 상품성이 떨어져서 팔지 못하거든."

레오와 조슈아는 작업대 한쪽에 앉아서 아주머니가 시키는 대로 일을 시작했어요. 아, 그런데 이게 생각보다 쉬운 일이 아니었어요. 조슈아 녀석은 몇 번 해 보았는지 제법 잘하더라고요. 레오는 긴장해서 마음처럼 되지를 않았어요. 바나나를 비닐에 넣다가 손톱으로 커다란 상처를 냈어요. 바나나를 잡고 넣다가 바닥에 떨어뜨려 커다란 멍이 생기기도 했지요. 그걸 본 조슈아가 잔소리를 퍼부었어요.

"야, 너 자꾸 그러면 아르바이트비 못 받아. 우리 집 바나나는 농약을 안 치고 키운 거라서 더 약하단 말이야. 네가 망친 바나나가 얼마짜리인 줄 알아?"

"알았어, 알았다니까! 나도 잘할 수 있어."

그렇게 티격태격하고 있을 때 조슈아의 아빠가 급히 작업장으로 들어오셨어요. 조슈아가 일어서서 반갑게 아빠를 불렀어요.

"아빠! 저 여기 있어요. 얘는 제 친구 레오예요. 오늘 같이 아르바이트 하러 왔어요."

"어, 그래. 마침 잘되었구나. 조슈아는 아빠랑 같이 밭에 가서 바나나 따는 일을 도와 다오. 오늘 일꾼이 세 명이나 안 나와서 내일 아침에 보낼 물량을 맞추지 못하고 있어. 레오는 지금 급히 그랜드컨티넨탈 호텔에 이 바나나 좀 가져다 드려라. 그랜드컨티넨탈 호텔은 우리 농장 유기농 바나나만 사용하는 중요한 거래처야. 아침에 물건을 보냈는데 3킬로그램이 더 필요하다는구나. 당장 저녁 식사 때 써야 한다고. 지금 물웅덩이 때문에 차가 들어오지를 못해서 차로 실어 보낼 수가 없어. 레오 네가 호텔까지 좀 가져다줄래? 대신 아저씨가 심부름 값은 톡톡히 주마."

돈을 주신다는 말에 레오는 벌떡 일어섰어요. 아까 왔던 그 힘든 산을 다시 넘어가야 한다는 것도 잊었지요. 조슈아의 아빠는 레오에게 당부를 잊지 않으셨어요.

"레오, 바나나 3킬로그램이 꽤 무거울 거다. 절대 상하지 않게 조심조심 들고 가야 한다!"

그랜드컨티넨탈 호텔과 그랜드컨티넨탈 리조트의 차이

레오는 조슈아 아빠가 그려 주신 약도를 뒷주머니에 넣고 다시 산길을 올랐어요. 어쩌면 내일 비가 오기 전에 지붕 수리를 시작할 수 있을지도 몰라요. 그러면 비가 새는 곳에 양동이를 받쳐 놓지 않아도 되지요. 엄마가 편하게 누워 있을 수도 있고요. 레오는 아까 왔던 계단식 논을 걸어가는 발걸음이 가벼웠어요. 바나나 3킬로그램을 담은 상자를 들고서도 힘들지 않았지요. 미카엘 아저씨에게 돈을 내밀 생각을 하니 벌써부터 신이 나더라고요. 엄마가 환하게 웃는 얼굴도 생각나고요.

약도를 보니 지프니를 내린 곳에서 오른쪽 길로 가다가 사거리 우체국 앞에서 길을 건너면 그랜드컨티넨탈 호텔이었어요. 레오는 바나나 상자를 들고 걷고 또 걸었어요. 중간에 무거워서 한 번 쉬었던 것을 빼고는 계속 걸었어요. 35도가 넘는 뜨거운 오후 태양이 레오의 까만 머리카락을 태워 버릴

듯 내리쬐고 있었어요.

"아, 저기다! 멀어서 그렇지 생각보다 찾기 쉽네 뭐! 지붕 고치는 돈을 버는 데 이쯤이야!"

레오는 바나나 상자를 들고 호텔 1층의 식당을 찾아갔어요. 휴식 시간이어서 그런지 식당 안에는 아무도 없더라고요. 주방 안쪽으로 들어가니 어떤 누나 한 명이 조리 도구들을 정리하고 있었어요.

"안녕하세요? 썬바나나 농장에서 왔는데요, 주문하신 바나나 3킬로그램이에요."

"그래요? 주방장님이 주문하셨나? 지금 주방장님이 안 계시니까 거기 놓고 가세요. 오시면 전해 드릴게요."

레오는 주방 한쪽에 바나나 상자를 내려놓았어요. 그리고 손을 탁탁 털면서 밖으로 나왔어요. 심부름을 잘 마친 것에 대한 뿌듯함이 가득했어요. 레오는 다시 왔던 길을 걸어서 조슈아네 농장으로 갔어요. 얼른 가서 바나나 포장 일을 마무리 지어야지요.

'휴, 이 길을 오늘 벌써 세 번이나 가네. 그래도 250페소나 벌 수 있는 기회가 생겨서 얼마나 다행인지 몰라.'

레오가 다시 계단식 논을 거슬러 올라 조슈아네 농장에 도착했을 때였어요. 레오를 보더니 조슈아 아빠가 다급하게 말씀하셨어요.

"레오, 너 지금 어디 갔다 오는 길이냐?"

"그랜드컨티넨탈 호텔 1층 식당이요. 말씀하셨던 곳에 바나나 가져다 드렸어요."

"이게 도대체 어찌 된 일이냐? 그랜드컨티넨탈 호텔에 바나나가 아직 도착하지 않았대."

"네? 그럴 리가요. 제가 분명히 거기 식당에서 일하는 누나에게 바나나 상자를 전달했어요."

조슈아 아빠는 어디론가 전화를 하시더니 말씀하셨어요.

"이 녀석아! 네가 간 곳은 그랜드컨티넨탈 호텔이 아니라 그랜드컨티넨탈 리조트인 것 같구나. 바로 옆에 있는 건물이지. 두 건물을 헷갈렸어. 내가 두 건물이 헷갈릴 수 있다는 것을 미리 말해 주지 않은 탓이구나. 후유, 이 일을 어쩌지?"

레오는 등에서 땀이 쭉 났어요. 아니 산길을 넘어오느라 났던 땀이 갑자기 식으면서 문득 추워지는 것 같았어요.

"제가 다시 가 볼게요. 가서 그랜드컨티넨탈 호텔로 바나나 상자를 옮겨 놓을게요."

레오는 쉬지도 못하고 다시 산길로 갔어요. 이번에는 걷는 것으로 모자라 숨이 턱까지 차도록 뛰었어요.

손에 남겨진 바나나 몇 개

레오는 산길을 달리고 또 달렸어요. 지금까지 네 번 산길을 오가는 중 가장 빠르게 산길을 넘었을 거예요. 레오의 얼굴과 옷은 온통 땀으로 젖어 있었어요. 아까 갔던 것처럼 우선 우체국을 찾았어요. 우체국에서 호텔 간판을 보니 이런! 저곳은 정말 '그랜드컨티넨탈 호텔'이 아니라 '그랜드컨티넨탈 리조트'였어요. 그 옆을 보니 그랜드컨티넨탈 호텔이 있더라고요.

'아까 간판을 좀 더 자세히 보는 건데! 급한 마음에 그랜드만 보고 들어가 버렸어.'

레오는 후회하면서 1층 식당 안으로 들어갔어요. 아까 그 누나는 보이지 않고 요리사 몇 명이 분주하게 저녁 식사를 준비하고 있었어요.

"안녕하세요. 썬바나나 농장에서 왔는데요, 바나나 3킬로그램을 잘못 가져다 드려서 다시 찾으러 왔어요."

그때 한쪽에서 일하던 아저씨가 칼질을 멈추더니 레오 앞쪽으로 다가오셨어요.

"바나나? 이거 말이냐?"

아저씨가 가리키는 곳을 보니 상자에 있던 바나나들 중 반쯤의 껍질이 벗겨져 있었어요. 어떤 것들은 접시에 예쁘게 담겨 있었고요.

"이거 우리 바나나가 아니었어? 여기 있기에 나는 당연히 우리 건 줄 알고 사용해 버렸는데?"

레오는 갑자기 눈물이 돌았어요. 저 소중한 바나나를 벌써 반이나 써 버리다니! 250페소를 받아야 하는데……. 레오는 반쯤 남은 바나나 상자를 끌어안고 밖으로 나왔어요. 레오는 바나나 상자를 들고 옆에 있는 그랜드컨티넨탈 호텔의 식당으로 가서 물었지요.

"여기에서 썬바나나 농장의 바나나 주문하신 것 맞지요? 죄송합니다. 너무 늦게 와서요. 그리고 반이나 써 버렸는데 괜찮을까요?"

레오는 참았던 눈물이 터졌어요. 주방장 아저씨는 깜짝 놀라서 레오에게 다가왔어요.

"안 그래도 보냈다는 바나나가 왜 이렇게 늦나 했다. 옆에 있는 리조트로 잘못 가져갔다고? 저런……. 눈물 닦아라."

주방장 아저씨는 레오에게 휴지를 주면서 위로해 주셨지만, 레오의 눈물은 그치지 않았어요.

"조금 전에 썬바나나 농장 사장님이랑 통화했다. 다른 사람을 통해서 바나나를 다시 보냈다고. 너는 오늘은 늦었으니까 집에 돌아가고, 내일 농장에 다시 오라고 하시더라. 이 바나나는 이제 소용없게 되었구나. 자, 이거는 집에 가져가거라. 필리핀은 바나나를 제일 많이 수출하는 나라이지만, 정작 농

장에서 일하는 사람들은 바나나를 맛보기가 힘들잖니. 집에 가서 가족들과 나눠 먹어라."

주방장 아저씨는 바나나 한 뭉텅이를 떼어서 레오에게 주셨어요. 레오는 바나나를 품에 안고 호텔을 나왔어요. 그랜드컨티넨탈 호텔요.

레오는 집 쪽으로 가는 지프니를 탔어요. 지프니를 타고 가는 동안에도 자꾸 눈물이 났어요. 심부름을 제대로 하지 못했으니 돈을 받기가 어려울 것 같아서요.

집에 도착했더니 엄마가 저녁을 짓고 계셨어요.

"레오, 왜 이렇게 늦었니? 얼굴 꼴은 왜 그렇고? 무슨 일 있었어?"

레오는 대답은 하지 않고 바나나를 내밀었어요.

"조슈아네 농장에서 얻은 거예요. 엄마 드세요. 요즘 입맛 없다고 하셨잖아요."

"이렇게 바나나도 챙겨 주시고, 참 좋은 분이시구나! 참, 레오, 오늘 좋은 일이 있었다. 형이 이번에 일을 잘해서 보너스를 받았대. 그래서 이달치 빚을 갚고도 돈이 남는다며 5천 페소를 보내 준다는구나."

"정말요? 그럼 그 돈으로 지붕을 고칠 수 있겠네요?"

"그래야지. 오늘 엄마가 시장에서 모처럼 생선도 한 마리 사 왔단다. 저녁 먹자."

레오는 엄마를 꼭 끌어안았어요. 어느새 어둑해진 창밖에서는 다시 비가 한두 방울씩 내리고 있었어요.

여기서 잠깐!
필리핀 알아보기

화산 폭발로 생긴 나라

필리핀은 동남아시아 동북단, 아시아 대륙 남동쪽의 서태평양에 위치한 나라이며, 총 7천 개 이상의 섬으로 이루어져 있다. 6천 개 이상은 사람이 살지 않는 무인도이다. 필리핀은 아름다운 산과 호수가 많은데, 산지가 많아서 농사지을 땅이 부족한 편이다. 국토 면적은 우리나라의 약 세 배 정도 크기이며, 가장 큰 섬은 마닐라가 있는 루손섬이다.

필리핀의 섬들은 대부분 화산 폭발로 생겼어.

루손섬 : 수도 마닐라가 있어서 필리핀의 정치와 경제에서 매우 중요한 위치를 차지하고 있다. 마닐라에는 필리핀의 주요 기업들이 모여 있고, 서비스업과 제조업이 발달했다. 루손섬의 중앙평야와 카가얀평야에서 생산하는 쌀은 필리핀 전체 쌀 생산량의 절반 이상을 차지하고 있다.

민다나오섬 : 필리핀 남쪽에 있는 섬으로, 루손섬에 이어 두 번째로 큰 섬이다. 마닐라에서는 약 700킬로미터 정도 떨어져 있다. 필리핀에서 자원이 가장 풍부한 지역으로 팜유, 망고, 바나나, 파인애플 등이 많이 생산되고 있다. 필리핀 전체 인구의 5퍼센트에 해당하는 약 400만 명의 이슬람교도들이 산다.

비사야 제도 : 필리핀을 구성하는 세 지역 중 하나로 루손섬과 민다나오섬 사이에 있다. 큰 섬 일곱 개와 수백 개의 작은 섬들로 이루어져 있는데, 그 유명한 세부섬이 바로 비사야 제도의 중심지이다. 하얀 모래와 푸른 바다가 어우러진 아름다운 경치 때문에 전 세계에서 많은 관광객들이 찾아오고 있다.

필리핀의 기후

필리핀은 적도에서 가까워 1년 내내 엄청 덥다. 3월에서 5월 사이에는 보통 한낮 온도가 35~40도까지 올라가며, 밤에도 25도 이상이다. 온도가 높고, 습기가 많은 필리핀은 아열대성 기후를 나타내는데, 이는 농사짓기에 무척 유리한 기후이다. 1년 중 12월부터 4월까지는 비가 거의 오지 않는 건기, 5월부터 11월까지는 비가 많이 내리는 우기이다.

필리핀식 전통 집 바하이 쿠보(Bahay Kubo)

한국의 원두막과 비슷하게 생긴 필리핀 전통 집이다. 민다나오섬에서는 '바하이 쿠보'를 바야그(Bayag)라고 부른다. 영어로는 니파 헛(Nipa Hut)이라고 하는데, 니파 잎으로 지붕을 씌운 오두막이란 뜻이다. 바하이 쿠보는 기둥, 벽, 바닥이 모두 대나무로 되어 있는 것이 특징이며, 코코넛이나 야자잎으로 지붕을 덮는다. 바하이 쿠보는 못을 한 개도 쓰지 않고 대나무를 자르고 쪼갠 다음 서로 엮어서 만든다. 대개 땅에서 1~2미터 정도의 기둥을 세우고 그 위에 집을 짓는다. 높게 집을 만들면 바람이 잘 들어서 더운 날씨를 견디는 데에 도움을 주기 때문이다. 또한 장마나 홍수가 났을 때에는 집이 물에 잠기지 않도록 해 준다. 벌레나 짐승이 집 안에 들어오지 못하게 하는 효과도 있다. 요즘은 바하이 쿠보가 점점 사라지고 있지만 필리핀 옛사람들의 지혜와 기술을 엿볼 수 있는 소중한 유산이다.

1991년, 엄청난 피해를 입힌 피나투보 화산

필리핀은 '불의 고리'인 '환태평양 지진대'에 속한다. 필리핀에는 활화산이 많다. 그중에서도 1991년에 폭발한 피나투보 화산은 엄청난 피해를 주었다. 8백여 명이 목숨을 잃고, 10만 제곱킬로미터의 농지가 사라졌으며, 4만 채의 집이 무너져서 65만 명의 이재민이 발생했다. 피나투보 화산 폭발로 100억 톤의 마그마가 분출되었고, 이때 날린 화산재가 8,500킬로미터 떨어진 아프리카 동부 해안까지 영향을 미쳤다. 하늘로 치솟은 거대한 화산재가 햇빛을 막는 바람에 그즈음 지구 전체의 평균 온도가 0.5도 내려갔다고 한다.

화산 폭발이 가지고 오는 변화

화산 폭발은 인간에게 엄청난 재앙이지만, 세월이 많이 흐른 뒤에는 좋은 점도 있다. 화산이 폭발한 뒤 긴 시간이 지나면 화산재 속에 있던 영양분이 땅에 스며들면서 흙을 기름지게 하고 곡식이 잘 자라게 한다. 필리핀도 화산 활동 뒤 더욱 농사짓기가 좋은 땅이 되었다. 벼는 1년에 두세 번 거둘 만큼 잘 자라고, 바나나, 파인애플, 망고 등의 열대 과일이 풍부하다.

1991년 피나투보 화산 폭발 모습

필리핀의 지형

필리핀은 평평한 땅이 적고 경사진 계곡, 산비탈이 많다. 필리핀 루손섬의 이푸가오 지역(바나우에) 사람들은 약 2천 년 전부터 산비탈을 깎고 차곡차곡 담을 쌓아 계단식 논을 만들었다. 이렇게 만든 바나우에 계단식 논에서는 쌀농사를 짓는데, 논두렁 길이가 2만 킬로미터로, 지구 반 바퀴나 도는 거리이다. 제일 높은 논은 맨 아래에 있는 논보다 무려 천 미터 이상 높다고 한다. 그 옛날 어떻게 이런 논을 만들었는지 현재까지도 비밀이 풀리지 않고 있다. 바나우에 계단식 논은 1995년 유네스코 세계 문화유산으로 지정되었으며, 필리핀 지폐에도 그려져 있을 정도로 필리핀 사람들이 자랑스럽게 여기는 문화유산이다.

필리핀의 대표적인 버스, 지프니

필리핀의 대표적인 대중 교통수단이다. 제2차 세계 대전이 끝나자 필리핀에 있던 미국 군인들은 수백 대의 지프차를 남겨 두고 떠났다. 필리핀 사람들은 남겨진 지프차의 뒷면을 늘려서 여러 명이 탈 수 있는 좌석을 만들고, 외부를 화려한 색으로 칠했다. 지프차를 고쳤다고 해서 '지프니'라고 부르며 미니버스로 사용했다. 오늘날에는 전용 공장에서 다양한 색깔과 크기의 지프니를 생산하고 있다. 우리나라의 마을버스와 비슷하지만 정류장이 따로 없어서 아무 곳에서나 타고 내릴 수 있다. 편리하면서도 필리핀 문화를 상징한다는 점 때문에 인기가 높지만, 공기를 오염시킨다는 비난도 함께 듣고 있다.

필리핀의 국기

파랑은 평화와 정의, 빨강은 애국심과 용기를 상징한다. 하얀 삼각형 안의 해는 국민의 단결을 뜻하며, 해에서 뻗어 나오는 여덟 줄기의 빛은 에스파냐에 맞서 독립 운동을 한 여덟 개의 주를 나타내고 있다. 별 세 개는 필리핀을 크게 세 부분으로 나눈 루손섬, 비사야 제도, 민다나오섬을 의미한다. 전쟁 등 위급한 상황에서는 빨간색이 위로 올라간 특수 국기를 사용한다.

'바랑가이'를 이루며 살던 필리핀 민족

필리핀은 기원전 4천 년부터 수십, 수백 가구가 모여서 '바랑가이'를 이루며 살았다. '바랑가이'는 사람들이 모여 사는 촌락의 단위를 말한다. 예를 들어 인도네시아 사람들이 배를 타고 필리핀에 와서 한 마을을 이루면 '바랑가이'가 되는 것이다. '바랑가이'에서는 '다투'라고 부르는 촌장을 우두머리로 두고 서로 힘을 합쳐서 계단식 논밭을 일구며 생활했다. 필리핀에는 이웃한 말레이시아, 인도네시아, 중국 사람들이 건너와 살았다. 1521년 마젤란이 이끄는 에스파냐 함대가 필리핀을 침략한 뒤에는 에스파냐계 사람들도 들어오기 시작했다. 필리핀에 온 중국 사람들 중에는 장사를 하기 위해 왔던 사람들이 많다. 지금도 중국계 사람들은 무역이나 금융 쪽에서 일을 한다. 말레이시아계 사람들은 전통을 이어받아 아직까지 농사를 짓는 사람들이 많다. 또 에스파냐가 필리핀을 지배하던 시절에 와서 정착한 사람들 중에는 조상들이 운영하던 커피와 사탕수수 농장을 가업으로 이어받은 경우가 많다.

독립과 자유의 소중함을 아는 필리핀 사람들

1946년 7월 4일, 미국으로부터의 독립을 기념하며 미국 국기를 내리는 모습

1521년, 에스파냐의 마젤란이 탐험대를 이끌고 막탄섬에 도착했다. 그즈음 에스파냐, 포르투갈 등은 식민지를 만들기 위해서 아시아와 아메리카 대륙을 휘젓고 다녔다. 마젤란은 재물을 바치고 가톨릭을 믿으라고 강요했고, 이에 부족장 라푸라푸가 이끄는 원주민들은 거세게 저항했다. 원주민들의 반발로 잠시 주춤했던 에스파냐는 1565년 다시 군대를 보내서 필리핀을 공격했는데, 당시 필리핀은 통일된 나라가 없이 작은 '바랑가이'들이 모여서 살고 있었기 때문에 군사력이 부족했고, 세계 최강의 에스파냐 군대를 이길 수 없었다. 결국 1571년, 에스파냐는 필리핀을 완전한 식민지로 삼았다. 이때부터 에스파냐는 필리핀의 자원을 마음대로 가져갔다. 도시마다 큰 성당을 세우고, 필리핀 사람들에게 가톨릭 교리와 에스파냐어를 가르쳤다. 에스파냐의 필리핀 지배는 무려 300년 넘게 지속되었다. 그러던 1898년, 에스파냐와 미국 사이에 전쟁이 벌어졌다. 이 전쟁에서 미국이 승리하자, 에스파냐는 필리핀을 미국에게 넘겨주었다. 필리핀은 에스파냐에 이어서 미국의 식민지가 된 것이다. 제2차 세계 대전 때에는 일본의 공격을 받고, 일본의 영향력 아래에 있기도 했다. 일본이 전쟁에서 지면서 물러갔고 1946년, 꿈에도 그리던 독립을 이룰 수 있었다. 필리핀은 400년 가까운 식민 지배의 아픔을 딛고 독립 국가로 다시 설 수 있었다.

필리핀 사람들이 가장 사랑하는 민족의 영웅, 호세 리살

에스파냐가 필리핀을 지배할 때 독립 운동을 이끈 민족 지도자이다. 의사이자 과학자, 문학가였던 호세 리살은 에스파냐 식민 지배의 부당한 현실을 깨닫고, 여러 책과 신문에 에스파냐의 잘못을 알리는 글을 쓰며 에스파냐의 지배를 거부하고 필리핀의 독립을 주장했다. 에스파냐는 호세 리살이 폭동을 일으켰다며 1896년, 사형에 처했다. 필리핀 사람들은 그를 '필리핀 독립 운동의 아버지'라고 부르며, 세상을 떠난 12월 30일을 '호세 리살의 날'로 정했다. 수도 마닐라 한가운데에는 그의 의로운 죽음을 기리는 '리살 공원'이 있다.

세계 속 지리 쏙

차오프라야강이 보내 준 선물

초판 1쇄 발행 2018년 2월 27일
초판 3쇄 발행 2019년 5월 2일

글 이정주 | 그림 최정인

ⓒ 이정주, 최정인 2018
ISBN 979-11-88283-35-4 73300
ISBN 979-11-88283-30-9 (세트)

* 저작권법에 의하여 한국 내에서 보호를 받는 저작물이므로 무단 전재와 무단 복제를 금합니다.
이 도서의 국립중앙도서관 출판예정도서목록(CIP)은 서지정보유통지원시스템 홈페이지(http://seoji.nl.go.kr)와
국가자료공동목록시스템(http://www.nl.go.kr/kolisnet)에서 이용하실 수 있습니다. (CIP제어번호 : CIP2018004998)
* 책값은 뒤표지에 있습니다.
* 잘못 만들어진 책은 구입하신 곳에서 바꾸어 드립니다.

발행처 주식회사 스푼북 | **발행인** 박상희 | **출판신고** 2016년 11월 15일 제2017-000267호
제조국 대한민국 | **주소** (03968) 서울시 마포구 성미산로 29, 302호
전화 02-6357-0050(편집) 02-6357-0051(마케팅)
팩스 02-6357-0052 | **전자우편** book@spoonbook.co.kr
*10세 이상 어린이 제품

제품명 차오프라야강이 보내 준 선물	**제조자명** 주식회사 스푼북	**제조국명** 대한민국
전화번호 02-6357-0050	**주소** 서울시 마포구 성미산로 29, 302호
제조년월 2019년 5월 2일	**사용연령** 10세 이상

⚠ 주 의

아이들이 모서리에 다치지
않게 주의하세요.

※ KC마크는 이 제품이 공통안전기준에 적합하였음을 의미합니다.